THOMAS VAŠEK

ZEIT LEBEN

THOMAS VAŠEK

ZEIT LEBEN

SO VERSTEHEN UND NUTZEN WIR DEN TAKT DER WELT

Umschlaggestaltung: Eva Wünsch, Luisa Stömer
Layout und Satz: Knipping Werbung GmbH, Berg/Starnberg
Herstellung: Markus Plötz
Druck und Bindung: CPI books GmbH

ISBN 978-3-8338-6389-9
1. Auflage 2018

www.graefeundunzer-verlag.de
www.facebook.com/gu.verlag

Ein Unternehmen der
GANSKE VERLAGSGRUPPE

Inhalt

»Für Rebekka, die beste Freundin der Zeit.«

Vorwort

Alles zu schnell, alles zu viel – so lautet die Klage unserer Zeit. Immer dieser Stress, immer dieser Druck. Mails beantworten, Telefonate führen, Kinder in die Schule bringen. Alles scheint dringlich, wir hetzen von Termin zu Termin. Und am Ende bleibt doch das Gefühl, dass die Zeit fehlt für die wirklich wichtigen Dinge. So oder so ähnlich sehen es auch viele Soziologen, Psychologen und Philosophen: Getrieben von Zeitmangel, droht unser Leben die Richtung zu verlieren.

Wie viel Zeit ist »genug«?

In diesem Buch möchte ich Sie davon überzeugen, dass diese Sicht falsch ist. Die Zeitknappheit, die wir verspüren, ist ein Widerspruch in sich. Wir haben nicht weniger freie Zeit als früher. Ganz im Gegenteil, wir haben mehr. Wir müssen weniger arbeiten als früher. Fast alles können wir heute schneller erledigen. Niemand muss mehr zur Bank gehen, um eine Überweisung zu tätigen. In Lichtgeschwindigkeit können wir jeden erreichen, den wir erreichen wollen. Und doch bleibt uns dabei kaum »genug« Zeit. Die Paradoxie des modernen Lebens besteht darin, dass wir das Gefühl haben, immer weniger Zeit zu haben, obwohl wir immer mehr Zeit »sparen«.

Ständig sind wir unzufrieden mit der Zeit. Nie will sie im richtigen Tempo vergehen. Mal schleppt sie sich dahin, mal läuft sie uns davon. Mal können wir die Langeweile kaum ertragen, mal fühlen wir uns gehetzt. Alle Welt hadert mit der Zeit. Zeitberater wollen uns zur »Zeitsouveränität« verhelfen, manche empfehlen uns gar, unsere Uhren wegzuwerfen. Meditierende wollen einen zeitlosen Zustand erreichen, Mediziner versprechen uns mehr Lebenszeit. Alle Welt will irgendwie Zeit »gewinnen« oder sie wenigstens »sparen«. Die dominierende Zeitvorstellung unserer modernen Welt, unserer Kultur, ist die der Zeit als einer »Ressource«, einer Art Währung. Sie ist demnach etwas, das wir »nutzen« müssen. Die Zeit ist »knapp«, sie »drängt«. Wir dürfen keine Zeit »verlieren«, geschweige denn »verschwenden«.

> **Zeit ist mehr als eine Ressource, die es möglichst effizient zu nutzen gilt.**

Mit dieser Sicht der Zeit, so behaupte ich, kommen wir nicht weiter. Es ist ein falsches, irreführendes Bild, das den Blick auf unser Leben verstellt. Ein gelingendes Leben zu führen, das heißt nicht einfach nur, seine Zeit gut zu planen.

Warum es die eine Zeit nicht gibt

Das Problem ist nicht, dass wir »keine Zeit« haben. Hypereffizientes Zeitmanagement ist daher ebenso wenig die Lösung wie radikale Entschleunigung. Unser Problem liegt vielmehr darin, wie und was wir über die Zeit denken – und wie wir sie leben. Auf den folgenden Seiten zeige ich daher Wege auf, wie wir unser Denken über die Zeit und unseren Umgang mit ihr verändern können. Mein Ansatz läuft darauf hinaus, dass es *die Zeit* nicht gibt – und dass wir ein besseres Leben führen können, wenn wir unsere gewohnten Vorstellungen von der Zeit aufgeben.

Es geht mir dabei nicht um die Zeit im physikalischen Sinn, sondern vielmehr um das, was wir meinen, wenn wir im täglichen Leben von der »Zeit« sprechen. Wie wir heute wissen, haben verschiedene Kulturen ganz unterschiedliche Vorstellungen von der Zeit. Was Zeit für uns ist, wie wir sie »leben«, ist also nicht ein für alle Mal festgelegt. Unser Zeitverständnis unterliegt historischen Veränderungen, es variiert zwischen den Kulturen – und sogar von Mensch zu Mensch.

Jeder von uns hat seine eigenen zeitlichen Strukturen, seine eigene Zeiterfahrung, seine eigene Art, mit der Zeit umzugehen – kurz: seine Eigenzeit. Wie wir die Zeit sehen, ob sie uns »knapp« erscheint, wie schnell sie für uns »verstreicht«, das hängt davon ab, wie wir leben. Und da jeder sein eigenes Leben führt, in seiner eigenen Lebensform, hat auch jeder seine eigene Zeit.

Die wenigsten von uns jedoch leben auf einer einsamen Insel. Wir leben in einer Welt, die wir mit anderen teilen und die unsere Zeit beansprucht. Unsere »Eigenzeit« steht daher in ständigem Konflikt mit der »Fremdzeit«, mit den vielfältigen zeitlichen Anforderungen, vor die uns die Welt jeden Tag stellt. Überall sind wir konfrontiert mit Terminen und Fristen.

Jeder Mensch empfindet die Zeit anders. Wir alle haben unsere Eigenzeit.

Andere Menschen oder sogar Maschinen verfügen über unsere Zeit. Wir haben zeitintensive Verpflichtungen, die wir erfüllen müssen. Viele Tätigkeiten brauchen einfach ihre Zeit – und damit auch unsere eigene.

Ich bin weder gegen Zeitmanagement, gegen Yoga noch gegen alles andere, was uns zu einem entspannteren, stressfreieren Leben verhilft. Doch mit Gelassenheit allein werden wir den heutigen Anforderungen ebenso wenig gerecht wie mit den effektivsten To-do-Apps. Es hilft uns auch wenig, einseitig den rasenden Kapitalismus zu verdammen, der angeblich an allem schuld ist. Oder uns all dem einfach zu verweigern – und die

Uhren und Smartphones wegzuwerfen, die unser Leben so sehr diktieren.

Die Welt ist so, wie sie ist, ob uns das gefällt oder nicht. Sicher können wir auch auf einen Bauernhof ziehen und uns vom ersten Hahnenschrei wecken lassen. Natürlich können wir jederzeit nach dem Rhythmus der Natur leben, wenn uns das sinnvoller erscheint. Aber wenn wir aus dieser Welt nicht komplett aussteigen wollen, dann müssen wir uns ihren Anforderungen stellen – und lernen, in ihrem »Takt« zu leben.

Leben im Takt der Welt

Leben im Takt der Welt – das heißt nicht, sich an das Tempo der Maschinen anzupassen. Wir können weder neben einem Auto herlaufen noch neben einem Flugzeug dahingleiten. Und so schnell rechnen wie Computer können wir auch nicht. Aber wir können zumindest versuchen, mit den Geschwindigkeiten, die wir selbst geschaffen haben, in einer sinnvollen, menschengerechten Weise umzugehen. Dazu aber brauchen wir mehr als bloß eine bessere Zeitökonomie.

Zeit ist nicht, was wir messen. Zeit ist, was wir leben.

Wir können die Zeit nicht beherrschen. Natürlich können wir versuchen, mit ihr einigermaßen vernünftig umzugehen, also möglichst wenig Zeit zu verschwenden. Unser grundlegendes Problem mit der Zeit lösen wir so aber nicht. Dafür müssen wir versuchen, unser Verhältnis zur Zeit zu verändern. Denn nur so kommen wir mit ihr wirklich ins Reine und können unsere Zeit leben, statt sie nur zu planen. Zeit ist nicht das, was wir messen. Zeit ist das, was wir leben.

Was wir brauchen, das ist ein neuer, ein offener und flexibler, ein strategischer Umgang mit der Zeit. Wir müssen wegkommen von der alten Vorstellung, dass wir unsere Zeit einfach so »haben«, dass wir über sie »verfügen« und sie »planen« können wie den Einsatz von Rohstoffen in einer Fabrik. Wir brauchen eine Sicht auf die Zeit, die sich an den wichtigen Dingen im Leben orientiert – und die dennoch damit rechnet, dass morgen alles anders sein kann, als wir heute denken.

Wir müssen lernen, *die Zeit zu leben.*

Die Zeit erkennen

E s wird knapp – verdammt knapp. In 15 Minuten geht der Zug, den Sie unbedingt erreichen müssen. Noch stecken Sie in der U-Bahn auf dem Weg zum Bahnhof fest. Die Fahrt verlangsamt sich, eine Baustelle, noch eine. Sie starren auf Ihre Uhr, treten von einem Fuß auf den anderen. Ihr Herz pocht. Alles um Sie herum versinkt, die Menschen in der U-Bahn, die stickige Luft. Nun denken Sie nur noch an den Zug, an den wichtigen Termin, an die Probleme, die Sie bekommen, wenn Sie den Termin verpassen. Sie drängeln sich vor bis zur Tür, die Hände am Türgriff, jede Sekunde zählt. Die wenigen Minuten in der U-Bahn dehnen sich wie Stunden. Endlich erreicht die U-Bahn die Station, Sie laufen die Rolltreppe hoch, rennen atemlos über den Bahnsteig. Doch die Zeit läuft Ihnen davon.

Kontrollverlust

Jeder kennt das Gefühl von extremem Zeitdruck. Meist ist es ein unangenehmes, beengendes Gefühl, ein Stresszustand – ein Zustand der Angst, es »nicht zu schaffen«. Doch die stressige Situation in der U-Bahn kann man auch ganz nüchtern beschreiben: Sie sind einfach »zu spät« dran. Ihre Eigenzeit und die Fremdzeit stehen im Konflikt. Vielleicht sind Sie zu spät losgefahren, vielleicht hat sich ein vorangegangener Termin verzögert, vielleicht kam Ihre U-Bahn einfach nicht. Was auch immer »schuld« daran ist: Ihre Eigenzeit ist kollabiert, die Fremdzeit hat die Kontrolle übernommen. Während Sie atemlos über den Bahnsteig rennen, verschwindet gleichsam Ihr Ich. Plötzlich sind Sie nur noch Fremdzeit – der Zug, den Sie unbedingt erwischen müssen.

Die Zeit können wir nicht sehen, riechen, anfassen oder schmecken. Meist bemerken wir sie gar nicht, sie hält sich im Hintergrund. Bei vielen Tätigkeiten denken wir gar nicht an sie. Wir bemerken sie erst, wenn wir sie brauchen – und besonders, wenn sie uns fehlt. Dann stehen wir plötzlich vor einer Schranke, vor einem Widerstand. Wenn eine Deadline naht, eine Frist abläuft, fühlen wir uns bedrängt und unter Druck gesetzt. Es ist, als liefen wir gegen eine Wand. Man muss nur Menschen beobachten, die unter Zeitdruck stehen. Die einen schauen ständig auf die Uhr, die anderen stöhnen und verziehen das Gesicht, andere werden wütend oder flippen regelrecht aus.

Alles im Leben braucht seine Zeit. Das klingt ziemlich banal. Und doch vergessen wir es regelmäßig. Obwohl wir ständig auf die Uhr schauen, missachten wir die Zeit. Wir kommen unpünktlich, weil wir den Verkehr unterschätzen. Wir nehmen uns zu viel vor, obwohl wir nicht alles schaffen können. Wir planen viel zu optimistisch, weil wir nicht mit Verzögerungen rechnen. Wir betrachten die Zeit als Ressource, über die wir nach Belieben verfügen können, als wären wir die Herren der Zeit. Doch dabei stoßen wir immer wieder schmerzhaft an Grenzen. »Alles zu viel«, klagen wir dann – und meinen damit: Wir haben zu wenig Zeit.

Ein Blick auf die Uhr sagt uns noch nichts über unsere Zeit.

Seit ich über die Zeit nachdenke, hadere ich damit, dass ich nicht mehr davon habe. Es gäbe so viel zu tun, so viel zu lernen, so viel zu erleben! Die Informationsflut der digitalen Welt konfrontiert uns tagtäglich mit unendlichen Möglichkeiten. Unsere Zeit reicht nicht einmal dazu, diese Möglichkeiten zu erfassen.

Je älter ich werde, umso mehr wird mir bewusst, was ich alles nicht tun, lernen und erleben kann. Dass ich es nicht einmal schaffe, mich um die Dinge zu kümmern, die mir wirklich wichtig sind. Es ist, als würde ich ständig einem Zug nachrennen, den ich nicht mehr erreichen kann.

Das Leben ist kurz, die Kunst lang, sagte Hippokrates, der griechische Arzt… Ich denke, man versteht auch noch heute sofort, was damit gemeint ist. Eine anspruchsvolle Kunst wie etwa die Medizin wirklich zu erlernen, das braucht Zeit. Ein einziges Leben kann dafür zu kurz sein. Und so ist es auch mit vielen anderen Dingen. Wir können nicht alle Bücher lesen, alle interessanten Menschen treffen, alle schönen Orte dieser Welt besuchen.

Unsere Zeit wird nie für alles reichen, was wir uns wünschen.

Unsere Welt ist voller Möglichkeiten. Als endliche Wesen können wir jedoch nur einen Bruchteil davon realisieren. Mit zunehmendem Alter ahnen wir: Unser Leben ist zu kurz für diese Welt. Ständig versuchen wir daher, Zeit zu gewinnen, um mehr von der Welt zu haben. Wie der Philosoph Hans Blumenberg einmal schrieb: »Die Welt kostet Zeit.«

Unsere »Lebenszeit« und die »Weltzeit«, wie es Blumenberg nennt, fallen auseinander. Wie viel Zeit wir uns auch wünschen, unser Leben ist eben begrenzt. Statt Zeit zu gewinnen, verlieren wir sie ständig, bis wir am Ende gar keine mehr haben. Die Zeit, sagt Blumenberg, ist das »am meisten unsrige und doch am wenigsten verfügbare«.

Mit anderen Worten: Unsere Zeit ist knapp.

Das Wort »knapp« bezeichnet einen Mangel. Es kommt vermutlich vom niederdeutschen *knap* (kurz, eng, gering) und ist verwandt mit Verben wie »kappen«, »knapsen« oder »kneifen«, also lauter Wörtern, bei denen etwas weggenommen wird. Knappheit bedeutet, »nicht genug« von etwas zu haben. Es besteht ein Missverhältnis zwischen unseren Bedürfnissen und unseren Ressourcen. Wenn die Lebensmittel »knapp« werden, dann haben wir »nicht genug« zu essen. Wer »knapp bei Kasse« ist, der muss sparen. Wenn die Zeit knapp ist, dann müssen wir uns beeilen – und im Extremfall eben wie wahnsinnig über den Bahnsteig rennen, um den Zug noch zu erwischen.

Der Irrtum der Zeitökonomie

Die Knappheit von Gütern, so lehrt die klassische Ökonomie, ist der Grund für wirtschaftliches Handeln. Ähnlich wie mit Geld, sollen wir auch mit unserer Zeit ökonomisch umgehen, um ihrer Knappheit vorzubeugen. Allerdings gibt es zwischen der Zeit und dem Geld einen wesentlichen Unterschied: Geld kann man wiederbeschaffen, Zeit hingegen nicht. Lebenszeit ist unersetzlich. Man kann sie nicht gewinnen, sondern nur verlieren. Tatsächlich schwindet unsere Lebenszeit ständig. Wenn die Zeit knapp ist, müssen wir sie uns einteilen. Wir müssen also mit der Zeit haushalten, wir dürfen sie nicht vergeuden.

Das Gefühl der Zeitknappheit hat zu tun mit unserem Sinn für die Zukunft. Wir blicken voraus auf etwas, was noch nicht ist. Wir setzen uns Ziele, die wir erreichen wollen. Doch je älter wir werden, desto weniger Zeit bleibt uns dafür. Die Zukunft wird immer kleiner, sie schmilzt zusammen. Wenn wir die Lebenszeit als eine Ressource betrachten, dann müssen wir nun mal feststellen, dass uns mit jedem Tag weniger Zeit zur Verfügung steht. Unsere Zeit ist endlich – sie ist knapp.

»Zeit ist Frist«, schreibt der Philosoph Odo Marquard. Wir können daher nicht beliebig lange warten. Wir müssen uns beeilen. Die Kürze des Lebens zwingt uns zur Ungeduld, zur Schnelligkeit. Unsere Lebenszeit selbst ist knapp; Marquard nennt sie sogar die »knappste aller Ressourcen«. Wir können im Leben nicht alles erreichen, dazu fehlt uns schlicht die Zeit.

Für Marquard ist der Mensch das »Zeitmangel-Wesen«. Unser Leben ist nicht nur kurz, sondern auch einzigartig. Wir leben eben nur einmal, jeder hat nur seine Lebenszeit zur Verfügung. Wenigstens gelegentlich müssen wir uns klarmachen, dass wir in unserem Leben nicht ewig Zeit haben.

Während ich diese Zeilen schreibe, bin ich 49 Jahre alt, also nicht mehr ganz jung, um es vorsichtig zu sagen. Mit etwas Glück liegt noch einige Zeit vor mir. Aber auch ich habe das Gefühl, dass ich mich beeilen muss, um bestimmte Ziele noch zu erreichen – und dass es für manches vielleicht schon »zu spät« ist. Mein Bewusstsein der eigenen Endlichkeit treibt mich an. Ich schiebe weniger Dinge auf als früher. Ich versuche, meine Zeit zu »nutzen«, so gut es eben geht.

Unsere Zeit ist wertvoll, weil sie begrenzt ist.

Wie die meisten Menschen wünsche auch ich mir – und vor allem den mir nahestehenden Menschen – ein langes Leben. Die Fortschritte der Biomedizin erlauben es, die Lebensspanne immer weiter zu verlängern; manche Technikvisionäre hoffen sogar auf die Unsterblichkeit. Je länger wir leben, so könnte man denken, desto mehr Ziele und Wünsche können wir verwirklichen. Der Tod beraubt uns jedoch dieser Möglichkeiten – er nimmt uns die Zeit. Das heißt aber noch nicht, dass es besser für uns wäre, ewig zu leben.

Wenn wir ewig leben würden, könnten wir bedenkenlos Zeit vergeuden. Schließlich bliebe uns ja immer noch genug davon; wir könnten alles immer weiter hinausschieben. Wir hätten kein Problem damit, all unsere Ziele und Wünsche zu verwirklichen. Denn zu wenig Zeit hätten wir dafür ja nicht – sondern gleichsam zu viel davon. Nichts wäre mehr wirklich wichtig, nicht einmal die Zeit selbst. Vielleicht würden wir einfach gar nichts tun, weil wir alles später tun könnten. Das ewige Leben wäre womöglich sterbenslangweilig. So sehr wir auch mit unserer Endlichkeit hadern: Es ist der Tod, so denke ich, der unserem Leben Sinn verleiht.

Die Zeit ist aber nicht nur deshalb wichtig, weil sie knapp ist. Sie ist es auch deshalb, weil wir unser Leben wichtig nehmen. Wäre uns alles egal, bräuchten wir uns auch um die Zeit nicht zu kümmern; wir könnten sie einfach verstreichen lassen. Tatsächlich aber verfolgen wir Ziele, Pläne und Projekte. Wir wollen etwas aus unserem Leben machen – und dazu brauchen wir Zeit. Hier liegt der Grund für unsere gefühlte Zeitknappheit: Unsere Lebenszeit ist knapp im Hinblick darauf, was wir damit tun wollen. Wenn wir unsere Zeit verschwenden, so meinen wir, dann verpassen wir die Gelegenheit, sie sinnvoll zu nutzen. Wir verpassen unser Leben.

Das Leben sei nicht kurz, meinte der stoische Philosoph Seneca, wir gingen nur zu verschwenderisch mit ihm um. Die Zeit sei unser kostbarster Besitz, und doch vergeudeten wir sie, als wäre sie nichts wert. Der Lehrer und Berater des römischen Kaisers Nero dachte dabei an die »Vielbeschäftigten« seiner Zeit, die wohl schon damals von Termin zu Termin hetzten. Das Leben dieser »Vielbeschäftigten« erschiene ihnen nur deshalb kurz, weil sie ihre Zeit nicht richtig zu nutzen wüssten. Die Zeit scheine ihnen zwischen den Fingern zu zerrinnen, mit fatalen psychischen Folgen: Ihr zerstreuter Geist könne nichts mehr aufnehmen, sie kämen nicht zu sich selbst. Um dieses Schicksal nicht zu teilen, müsse man lernen, sich auf die Gegenwart zu konzentrieren – und jeden Augenblick so zu leben, als ob es der letzte wäre: »Jetzt, auf der Stelle, erfasse das Leben«, schreibt Seneca.

»Lange gelebt« hat somit nach Seneca nicht derjenige, der ein hohes Alter erreicht hat, sondern derjenige, der sein Leben genutzt hat. Wer hingegen seine Zeit verschwendet hat, der hat nicht lange gelebt, er ist »nur lange da gewesen«. Es geht also nicht darum, möglichst viel Zeit zu haben. Wir müssen unsere Zeit vielmehr leben – also etwas aus ihr machen.

Der Wert der Zeit

Unsere gelebte Zeit steht in direkter Verbindung zu unseren Werten. Diese drücken sich darin aus, dass wir etwas »gut« oder »schlecht«, »wichtig« oder »unwichtig« finden. Manchen Dingen schreiben wir einen Wert zu, weil sie in unserem Leben eine besondere Rolle spielen, weil sie uns innerlich bewegen und motivieren; manche halten wir für wertvoll, weil sie sich als schlicht nützlich erweisen. Andere Werte wiederum gelten als absolute Werte, wie etwa die Menschenwürde. Es geht mir hier weniger darum, zwischen verschiedenen Arten von Werten zu unterscheiden. Ich beschäftige mich auch nicht mit der philosophischen Frage, ob Werte »objektiv« oder »subjektiv« sind. Es kommt mir vielmehr darauf an, wie Werte unseren Umgang mit der Zeit beeinflussen und umgekehrt.

Werte geben uns Orientierung. Sie können uns helfen, uns in der Welt zurechtzufinden. Sie bahnen uns einen Weg durch die Zeit, durch unser Leben. Ein gelingendes Leben kann nur derjenige führen, der sich auf die für ihn wirklich wichtigen Dinge konzentriert. Zeit ist Wert, das ist die zentrale These dieses Buches.

Die Zeit hat einen Wert für uns, weil wir sie brauchen, um unsere Ziele und Wünsche zu realisieren. Das zeigt sich schon daran, dass wir unsere Zeit nicht ohne Weiteres zur Verfügung stellen. Wenn Sie auf der Straße jemand fragen würde, ob er einfach mal zwei Stunden von Ihrer Zeit haben könnte, dann würden Sie vermutlich verwundert reagieren. Obwohl wir alle gern mal Zeit verschwenden, käme es den meisten wohl nicht in den Sinn, auf die eigene Zeit grundlos zu verzichten. Der Wert unserer Zeit liegt schließlich darin, dass wir sie für irgendetwas verwenden könnten. Wenn wir »keine Zeit« haben, dann haben wir keine Zeit »für etwas«. Das wird uns vor allem dann bewusst, wenn es um etwas geht, das uns besonders wichtig ist. Wenn wir etwa »keine Zeit« haben, Freunde zu treffen, Sport zu machen oder ins Kino zu gehen.

Zugleich haben Werte eine zeitliche Dimension. Was uns wirklich wichtig ist, das wollen wir auch in der Zukunft bewahren. Werte spielen eine stabilisierende, inegrative Rolle in unserem Leben, sie geben uns Halt. Sie schaffen einen Zusammenhang zwischen Vergangenem, Gegenwärtigem und Zukünftigem. Was mir gestern wichtig wahr, das ist mir auch jetzt wichtig – und wird mir morgen wichtig sein. Werte haben Dauer, sie widerstehen der Flüchtigkeit der Zeit. Was uns nur jetzt wichtig ist, das hat keinen wirklichen Wert für uns.

Wenn wir zwischen »wichtig« und »unwichtig«, zwischen »gut« und »schlecht« nicht unterscheiden können, taumeln wir von einer Situation in die nächste, getrieben von unseren augenblicklichen Wünschen. Wer sich aber nur von seinen Wünschen treiben lässt, ohne diese je zu »bewerten«, also zu überlegen, ob er sich mit diesen Wünschen wirklich identifizieren kann, wird die eigene Lebenszeit kaum »wertvoll« gestalten können. Werte werden für uns überhaupt erst dann zu solchen, wenn wir sie wenigstens eine Zeit lang verfolgen. Wenn Ihnen etwa Musik wirklich wichtig ist, dann werden Sie auch Zeit darauf verwenden, vielleicht sogar ein Leben lang. Und manche Dinge können uns so wichtig sein, dass wir sie sogar über unseren Tod hinaus bewahren wollen.

Was uns nur einen Moment lang wichtig ist, das hat keinen echten Wert für uns.

Ob wir etwas für wichtig halten oder es für uns wirklich wichtig ist, darüber entscheidet, wie viel Aufmerksamkeit wir einer Sache tatsächlich zumessen. Wichtig ist das, worum wir uns sorgen, sagt der amerikanische Philosoph Harry G. Frankfurt. Sich um etwas zu sorgen, das heißt, sich darum zu kümmern, Zeit und Mühe zu investieren. Sich um etwas sorgen kann man nur über eine größere Zeitspanne, schreibt Frankfurt. Zwar können wir nur einen Augenblick lang denken, dass etwas wichtig ist. Wir können uns etwas für ein paar Sekunden sehnlichst wünschen. Aber wirkliche »Sorge« kann sich nur über längere Zeit entwickeln.

Unsere Werte unterliegen der Bedingung zeitlicher Knappheit. Als endliche Wesen können wir uns nicht um alles sorgen, wir können nicht alles gleichermaßen wichtig nehmen. Manches muss uns auch schlicht egal sein. Nicht jeder Moment im Leben ist uns gleich wichtig. Es gibt Momente, auf die könnte man auch gern verzichten, zum Beispiel auf das Stehen in einer Warteschlange. Ein Leben aus lauter solchen Momenten erschiene uns nicht sehr lebenswert.

Wert braucht Zeit, Zeit braucht Wert. Wenn mir Dinge wichtig sind, mir aber schlicht die Zeit dazu fehlt, ihnen nachzugehen, dann läuft etwas falsch in meinem Leben. Wenn ich hingegen Zeit im Überfluss habe, aber nichts, was mir wirklich etwas bedeutet, dann wird das Leben sinnlos. Leere, ungenutzte Zeit bedeutet uns nichts. Was wir wollen, das ist erfüllte Zeit.

Wenn wir über »Zeitknappheit« klagen, dann meinen wir damit nicht nur »keine Zeit« zu haben; schließlich haben wir ja offenbar Zeit genug, um ihre Abwesenheit zu bedauern. Vielmehr klagen wir darüber, dass uns die Zeit fehlt, bestimmte andere Dinge zu tun oder zu erleben. »Ich habe leider keine Zeit« – das suggeriert, dass es mir unmöglich ist, zu einem bestimmten Zeitpunkt etwas Bestimmtes zu tun. Ich *will* es zwar vielleicht, aber ich *kann* leider nicht. Kein Wunder, dass die wohl am meisten verbreitete Ausrede darin besteht, einfach »keine Zeit« zu haben!

Entscheiden, was wichtig ist

Die Zeit an sich sei gar nicht knapp, schreibt der Soziologe Niklas Luhmann (1927–1998). Der Eindruck der Zeitknappheit entstehe lediglich aus einer »Überforderung des Erlebens durch Erwartungen«. Unsere Zeit ist also knapp im Hinblick darauf, was wir mit ihr vorhaben. Wer nichts vorhat, der braucht auch keine Zeit, für den hat sie keinen Wert.

Die Knappheit der Zeit hat zwei Seiten. Je weniger verfügbare Zeit wir haben, desto weniger können wir tun oder erleben – und uns im Sinne Frankfurts um andere Menschen oder Dinge sorgen. Wenn Sie nach zehn Jahren einen alten Freund wiedersehen, werden Ihnen zehn Minuten Gesprächszeit reichlich »knapp« erscheinen. Die Zeit reicht einfach nicht aus, um alles zu bereden, was Sie eigentlich zu bereden hätten.

Eines der zentralen Probleme unseres heutigen Lebens besteht darin, dass wir zumindest »gefühlt« immer weniger Zeit haben, uns um Dinge und Menschen zu sorgen, die uns wichtig sind. Wenn wir »keine Zeit« mehr haben, Freunde zu treffen, Musik zu hören oder Bücher zu lesen, gutes Essen zu genießen, dann hören wir aber

Was uns wertvoll ist, darum sorgen wir uns. Worum wir uns sorgen, dem schenken wir Zeit.

auch auf, diese Menschen und Dinge wirklich wichtig zu nehmen. Wir verschwinden gleichsam in einem Tunnel und sehen nichts mehr links und rechts. Schlimmstenfalls gerät unser Leben aus den Fugen.

Die andere Seite ist: Wenn die Zeit knapp wird, müssen wir uns auf das Wesentliche konzentrieren. Zeitknappheit wirkt selektiv, wie schon Luhmann feststellte. Termine und Fristen begrenzen unsere Möglichkeiten. Wenn die Deadline eines Projektes naht, müssen wir es eben zu Ende bringen. Alles andere tritt in den Hintergrund und muss auf »später« verschoben werden. Gäbe es keine Termine und Fristen, wären wir überfordert mit unseren Möglichkeiten. Wir wüssten vielleicht gar nicht, was wir zuerst tun sollten – und würden womöglich gar nichts tun. Zeitknappheit hat offenbar einen Sinn. Sie zwingt uns dazu, Prioritäten zu setzen, also zu entscheiden, was wir wichtig nehmen und was nicht.

Zudem bindet Zeitknappheit unsere Aufmerksamkeit. Solange wir noch reichlich Zeit haben, lassen wir uns leicht ablenken. Eine nahende Deadline kann uns produktiver machen. Jedenfalls gibt sie uns einen Grund, überhaupt mal anzufangen. Erst die

Dringlichkeit verleiht der Sache einen Wert. Was für alltägliche Termine und Fristen gilt, das gilt in gewisser Weise für unser endliches Leben überhaupt.

Der Mensch sei »ein Wesen mit endlicher Lebenszeit, das unendliche Wünsche hat«, sagt Hans Blumenberg. Wir können eben nicht alle unsere Wünsche realisieren. Wenn wir unser Leben einigermaßen verantwortlich führen wollen, dann müssen wir uns auf jene Dinge konzentrieren, die wir für wichtig halten, die uns etwas bedeuten. Dazu aber brauchen wir Zeit. Die Antwort auf Zeitknappheit besteht somit nicht nur darin, einfach nur »im Augenblick« zu leben, ohne nach vorne oder zurück zu schauen. Wichtiger ist es zu entscheiden, wem und was wir welchen Wert und welche Sorge zumessen.

Eine unabdingbare Tatsache unserers zeitlichen Daseins ist, dass wir nicht alles gleichzeitig tun oder erleben können. Was auch immer wir tun, wie wir unsere Zeit auch verwenden, es »kostet« uns die Möglichkeit, zur gleichen Zeit etwas anderes zu tun. Man kann sich diese »Opportunitätskosten«, wie es die Ökonomen nennen, leicht vor Augen führen. Während Sie dieses Buch lesen, können Sie etwas anderes nicht tun. Überlegen Sie einmal kurz, was Sie alles stattdessen tun könnten. Dann bekommen Sie ein Gefühl für den Wert Ihrer Zeit.

Da wir immer nur eine Sache nach der anderen tun können, müssen wir alle unsere Tätigkeiten in ein zeitliches Nacheinander auflösen – erst dieses, dann jenes. Da wir aber endliche Wesen sind, können wir uns dabei nicht endlos Zeit lassen. Wir müssen unsere Zeit also planen, sie »managen«. Dabei sagt unser Zeitmanagement aber noch nichts darüber aus, wie wertvoll die Zeit für uns ist.

Um mit der Zeit im Alltag klarzukommen, müssen wir also mit ihr rechnen. Alles braucht seine Zeit. Wenn es Ihnen wirklich wichtig ist, den Zug um 10 Uhr 35 zu erreichen, dann müssen Sie eben um 9 Uhr 45 los. Bis zum Bahnhof »brauchen« Sie soundso viele Minuten, denn die Fahrt dauert eben soundso lang. Aber der Wert dieser Zeit besteht nicht nur darin, dass Sie den Zug erreichen. Es ist Ihre Zeit – die Zeit, die Sie leben.

Versuchen Sie einmal, die Fahrt zum Bahnhof aus einem anderen Blickwinkel zu betrachten. Sicher wollen Sie Ihren Zug erreichen. Aber die Zeit ist Ihre Zeit. Sie könnten ein Buch lesen, ein Telefonat führen, irgendwelchen Gedanken nachhängen oder einfach nur andere Leute beobachten. All das können Sie schwerlich tun, wenn Sie rennen müssen. Die Zeitknappheit hindert Sie daran, die Zeit bis zum Bahnhof halbwegs sinnvoll zu verbringen – Ihre Zeit zu »leben«. Am Ende haben Sie zwar vielleicht Ihren Zug erreicht. Aber Ihre Zeit war leer. Vermutlich werden Sie sich hinterher kaum noch daran erinnern.

Da unsere Zeit knapp ist, kommen wir nicht umhin, mit ihr »ökonomisch« umzugehen. Aber Zeit ist mehr als eine Ressource, ein Mittel, über das wir verfügen können, um einen bestimmten Zweck zu erreichen – wie ein Hammer, mit dem wir einen Nagel einschlagen. Unsere Zeit ist Lebenszeit. Wir müssen lernen, die Zeit zu leben, sonst zerrinnt sie uns eben zwischen den Fingern, wie den »Vielbeschäftigten« bei Seneca.

Sicherlich ist sie mehr als das, doch benutzen wir unsere Zeit oft als Mittel zum Zweck. Wenn wir aber unsere Zeit *nur* als Mittel zum Zweck gebrauchen, dann leben wir sie – und damit unser Leben – nicht wirklich. Das wird uns besonders dann schmerzlich bewusst, wenn wir unser Ziel verfehlen. Wir haben vielleicht Monate oder Jahre in eine Sache »investiert«. Doch am Ende war alles vergebens. Die Sache hat viel Zeit »gekostet«, doch der Aufwand war umsonst. »Verlorene Zeit«, sagen wir dann manchmal – als hätten wir all die Zeit nicht gelebt.

Wir »nutzen« unsere Zeit, um möglichst viel aus ihr herauszuholen. Doch genau dadurch laufen wir Gefahr, unsere Zeit zu verschwenden – und die Dinge aus den Augen zu verlieren, die uns wirklich wichtig sind. Wenn wir immer nur damit beschäftigt sind, Zügen hinterherzulaufen, dann verpassen wir unser Leben.

Je besser wir die Zeit nutzen wollen, desto schneller läuft sie uns davon.

Seneca hatte recht: Das Leben ist lang genug. Wir dürfen unsere Zeit nur nicht verschwenden. Aber zugleich ist die Zeit keine einfache Ressource. Sie besteht aus mehr als einer abstrakten Anzahl von Stunden, Minuten und Sekunden, die wir für verschiedene Zwecke »ausgeben« können.

Ein Euro-Stück ist wie jedes andere Euro-Stück, jedes hat den gleichen Wert. Mit unserer Zeit aber verhält es sich ganz anders. Kein Augenblick gleicht dem anderen. Die Zeit ist nicht abstrakt, und sie ist nicht neutral. Sie ist unsere eigene Zeit – eine Zeit, die wir auf bestimmte Weise erfahren. Sie kann lang oder kurz für uns sein, spannend oder langweilig, erfüllt oder leer. Unsere Zeit kann großartig sein – oder unendlich trostlos.

Aus meiner Sicht ist es die erfüllte, die wertvolle Zeit, auf die es im Leben letztlich ankommt. Wir begehen einen Fehler, wenn wir die Zeit auf ihren quantitativen Aspekt reduzieren – auf eine bestimmte Menge, die uns zur Verfügung steht. Entscheidend ist, was wir aus ihr machen, welchen Wert wir ihr verleihen. Wir verlieren Zeit, wenn wir sie einfach nur »vorbeigehen« lassen, statt sie zu leben.

Die Zeit ist unser Leben. Wir dürfen sie daher nicht nur dazu instrumentalisieren, um bestimmte Ziele zu erreichen. Wir sind nicht die Herren der Zeit. Wir können über sie nicht nach Belieben verfügen. So sehr wir darüber klagen, dass unsere Zeit knapp ist: In vielen Bereichen unseres Lebens können wir das nun einmal nicht ändern. Die Welt kostet eben Zeit, erst recht die hyperkomplexe Welt, in der wir heute leben. Wir müssen daher lernen, mit Zeitknappheit bewusster umzugehen. Und das ist nicht nur eine Frage von möglichst gutem »Zeitmanagement«. Sicher können wir da und dort Zeit effizienter nutzen, indem wir sie besser planen oder Dinge schneller erledigen. Doch aus meiner Sicht geht es nicht darum, einfach nur »mehr Zeit« zu haben. Wir müssen vielmehr versuchen, unsere Zeit in wertvolle, erfüllte Zeit zu verwandeln. Wertvolle Zeit vergeht nicht, so werde ich später argumentieren. Leere Zeit hingegen haben wir in gewisser Weise nie gelebt.

Die Zeit erleben

Setzen Sie sich auf einen Stuhl, schließen Sie die Augen und blenden Sie alles um sich herum aus. Versuchen Sie, einfach nur darauf zu achten, wie die Zeit vergeht. Vermutlich werden Sie schnell bemerken, dass das gar nicht so einfach ist. Vor sich sehen Sie Lichter flackern, durch Ihren Kopf huschen Gedankenfetzen, Sie hören Ihren Atem, Ihren Herzschlag. Sie nehmen also alles Mögliche wahr, nur eines nicht – die Zeit selbst.

Vertraut und doch flüchtig.

Wie sehr wir unser Bewusstsein auch entleeren, irgendein Veränderungsprozess bleibt zurück, beobachtete schon der amerikanische Philosoph und Psychologe William James (1842–1910). Wir können die Zeit nicht unmittelbar wahrnehmen. Was wir wahrnehmen, das sind Veränderungen, die in der Zeit stattfinden. Aber was ist dann »Zeit«?

Sie begleitet uns ständig. Wir alle leben »in der Zeit«. Da wir zeitliche Wesen sind, braucht was immer wir tun, denken oder wahrnehmen Zeit. Um den Satz, den Sie gerade lesen, zu schreiben, musste ich Zeit aufwenden. Und jetzt, während Sie ihn lesen, vergeht meine sowie Ihre Lebenszeit. Das mag trivial klingen, doch blenden wir das Vergehen der Zeit meist aus. Wir sind zu beschäftigt, gehen unserem Alltag nach – und vergessen dabei, dass unsere Lebenszeit ständig verrinnt, ohne dass wir diesen Prozess stoppen oder auch nur verlangsamen könnten.

Nichts scheint uns so vertraut wie die Zeit. Und doch ist nichts so ungreifbar und mysteriös. Zwar messen wir die »Zeit«

mit Uhren. Aber die Uhren sagen uns nichts darüber, was wir da eigentlich messen. Bereits der heilige Augustinus (354–430) stand vor einem Paradox: »Was also ist Zeit? Wenn mich niemand danach fragt, weiß ich es; will ich einem Fragenden es erklären, weiß ich es nicht.«

Wir wissen nicht, was Zeit ist. Wir können gar nicht über sie sprechen, ohne Metaphern, also Bilder, zu gebrauchen. Eine der prägenden Zeitmetaphern unserer Kultur ist die Vorstellung vom Fluss der Zeit. Die Zeit verstreicht, sie fließt dahin, reißt alles mit sich fort. In unserer Kultur betrachten wir Zeit aber auch als Ressource, über die wir verfügen können. Diese Sicht auf die Zeit spiegelt sich auch in unserem Sprachgebrauch. Wir »investieren« Zeit. Wir haben ein »Zeitbudget«. Wir müssen uns die Zeit »einteilen«, wir wollen Zeit »sparen« oder »gewinnen«, statt sie zu »verlieren« oder gar zu »vergeuden«.

Die Zeit zu verstehen bedeutet mehr, als sie zu messen.

Oft denken wir, die Zeit sei wie der Raum. Wir reden von Zeitpunkten und Zeiträumen, als könnten wir die Zeit abmessen wie eine räumliche Distanz. Und doch unterscheidet sich unsere Wahrnehmung der Zeit von jener des Raums. Im Raum können wir uns in alle Richtungen bewegen, in der Zeit hingegen nicht. Die Zeit nehmen wir nur in einer Richtung wahr: Zukünftige Ereignisse werden gegenwärtige, dann vergangene. Wir können uns nur an vergangene Ereignisse erinnern, aber nicht an das, was erst morgen sein wird. Unsere Handlungen haben Wirkungen in der Zukunft, nicht in der Vergangenheit.

Wir können die Zeit selbst nicht erfassen, nehmen aber zeitliche Abfolgen wahr. Wir erleben zeitliche Dauer. Wir können zwischen »früher« und »später« unterscheiden, zwischen Vergangenheit, Gegenwart und Zukunft. Was wir wahrnehmen, das nehmen wir als gegenwärtig wahr. Es gibt keine Wahrnehmung des Vergangenen – und keine Wahrnehmung der Zukunft.

Die Naturwissenschaften halten Zeit heute für ein objektives Naturphänomen, das mit Veränderung zu tun hat. Ihre Richtung erklären sie etwa aus den Gesetzen der Thermodynamik: Die meisten physikalischen Prozesse lassen sich nicht umkehren. Wenn eine Tasse zerbrochen ist, setzt sie sich nicht von allein wieder zusammen. Und seit Albert Einsteins Relativitätstheorie wissen wir, dass Raum und Zeit keine starren Bühnen des Weltgeschehens sind, sondern ein dynamisches Gewebe bilden. Die Zeit vergeht nicht für jeden Beobachter gleich schnell, ihr Verstreichen hängt davon ab, wie schnell wir uns relativ zu einem Bezugssystem bewegen; man kann sie daher zusammenstauchen und auseinanderziehen. Kurz vor seinem Tod schrieb Einstein: »Für uns gläubige Physiker hat die Scheidung zwischen Vergangenheit, Gegenwart und Zukunft nur die Bedeutung einer wenn auch hartnäckigen Illusion.«

Doch diese physikalische Sicht hat wenig damit zu tun, wie wir die Zeit erleben – und was sie für unser Leben bedeutet. Was meinen wir eigentlich damit, dass die Zeit »fließt« oder »verstreicht«? Ist nur die Gegenwart real? Oder auch das Zukünftige und Vergangene?

Was wir unter Zeit verstehen, lässt sich auf zwei verschiedene Weisen beschreiben. Aus der einen Sicht verläuft Zeit von der Zukunft über die Gegenwart in die Vergangenheit. Diese »A-Reihe« beschreibt Zeit objektiv und ähnelt der Art, auf die wir Uhren verwenden. Ein gegenwärtiges Ereignis war einmal zukünftig – und es wird vergangen sein. Aus dieser Sicht ist die Zeit dynamisch, sie »vergeht«.

Die andere Sicht der Zeit, die »B-Reihe«, unterscheidet zwischen den statischen Zuständen »früher«, »gleichzeitig« und »später« und entspricht damit der Art, auf die wir Kalender verwenden. Nach der B-Reihe bleibt ein Ereignis, das »früher« oder »später« stattfindet als ein anderes, zu allen Zeiten früher oder später, die Relation ändert sich nicht. Aus dieser Sicht bleibt die Zeit statisch, ihre scheinbare Veränderung ist unserer subjektiven Wahrnehmung geschuldet.

Beide Sichtweisen sind also miteinander im Konflikt – und Philosophen streiten sich bis heute darüber, in welcher Beziehung sie zueinander stehen. Wer die A-Reihe für die richtige Beschreibung hält, der ist ein »Realist« bezüglich der Zeit, er geht also davon aus, dass die Zeit tatsächlich und objektiv verstreicht. Wer hingegen an die B-Reihe glaubt, der bestreitet diese Veränderung, er ist ein »Idealist«, das Verstreichen der Zeit hält er für ein subjektives Phänomen.

Kann die Zeit »sein«?

Bereits der griechische Philosoph Aristoteles fragte sich, ob die Zeit überhaupt *ist,* ob ihr also *Sein* zukommt. Schließlich besteht sie ja aus lauter Teilen, die gar nicht existieren. Das Vergangene ist nicht mehr, die Zukunft noch nicht – und die Gegenwart nichts als ein ausdehnungsloser Punkt, an der die Zukunft in die Vergangenheit übergeht. Die Zeit habe also gar kein eigenständiges Sein, meinte Aristoteles. Das bedeutet aber nicht, dass Zeit nur eine Illusion ist.

Wie Aristoteles beobachtete, vollzieht sich jeder Wandel, jede Veränderung in der Zeit. Ohne Zeit gibt es offenbar keine Veränderung und ohne Veränderung keine Zeit, denn sonst könnte man ja nicht sagen, es sei Zeit verstrichen. Dennoch sind Zeit und Veränderung nicht ein und dasselbe, denn Bewegungen können schneller oder langsamer ablaufen, während die Zeit immer gleich schnell vergeht. Aristoteles kam zum Schluss, die Zeit sei eine abstrakte Größe, eine Art Zahl, welche die Bewegung hinsichtlich des »davor« und »danach« misst. Schon Aristoteles vermutete, dass die Zeit nicht ohne die »Seele« existiert, ohne ein Bewusstsein, das sie misst.

Auch der Kirchenlehrer und Philosoph Augustinus rätselte über die Flüchtigkeit der Zeit. Reißend schnell fliege sie an uns vorbei. Was eben noch Zukunft war, sei gleich wieder Vergangenheit. Im Grunde existiere nur die Gegenwart, aber auch die sei nur eine Art Durchgangsstation, die keinerlei Ausdehnung habe. Aber wenn die Zeit, wie Augustinus vermutete, nicht ist, wie können wir sie dann erfassen?

Die Antwort von Augustinus lautet: Zeit ist subjektiv, privat. Wir schaffen sie selbst. Was wir als Zeit erleben, das findet nur in unserem gegenwärtigen Bewusstsein statt – als Erinnerung an Vergangenes, als Erfassen der Gegenwart und als Erwartung von Künftigem. Unser Leben verstreicht demnach so, als würden wir eine bekannte Melodie singen: Je weiter das Lied fortschreitet, desto mehr verlängert sich unsere Erinnerung an die bereits gesungenen Töne – und desto kürzer wird die Erwartung des übrigen Teils, bis sie schließlich ganz schwindet.

Zeit existiert für uns nur in dem Maß, in dem wir ihr Bedeutung beimessen.

Was Dauer hat, das ist allein unsere gegenwärtige Aufmerksamkeit. Die Zeit existiert nicht wirklich, sondern nur in unserem Bewusstsein. In den Worten von Augustinus: »Zeiten ›sind‹ drei: eine Gegenwart von Vergangenem, eine Gegenwart von Gegenwärtigem, eine Gegenwart von Künftigem. Denn es sind diese Zeiten als eine Art Dreiheit in der Seele, und anderswo sehe ich sie nicht: und zwar ist da Gegenwart von Vergangenem, nämlich Erinnerung; Gegenwart von Gegenwärtigem, nämlich Augenschein; Gegenwart von Künftigem, nämlich Erwartung.«

Aus meiner Sicht hat Augustinus in gewisser Weise recht. Wir machen unsere Zeit selbst – gelebte Zeit ist »Eigenzeit«. Nur die Gegenwart existiert – eben die Zeit, die wir leben. In dieser Gegenwart ist uns das Vergangene als Erinnerung präsent, zugleich »erwarten« wir die Zukunft.

Sicher heißt das nicht, dass nur solche Ereignisse stattgefunden haben, an die wir uns später erinnern können. Analog besteht unsere Zukunft nicht bloß aus den Ereignissen, die wir heute schon antizipieren. Aus diesen Gründen fand schon der britische Philosoph und Mathematiker Bertrand Russell (1872–1970) die Zeitlehre von Augustinus unplausibel.

Mit Sicht auf unsere Eigenzeit lässt sich die Auffassung von Augustinus aber ein Stück weit verteidigen. Unsere Vergangenheit ist natürlich viel reichhaltiger als unsere Erinnerung. Aber viele vergangene Ereignisse haben eben keine Bedeutung mehr für unsere Gegenwart, sie spielen darin keine Rolle, sie sind uns nicht mehr wichtig. Zwar haben sie irgendwann mal stattgefunden, sie gehören sicherlich zu unserer Geschichte. Aber sie gehören nicht zu unserer Eigenzeit – zu der Zeit, die wir leben.

Lassen Sie mich das etwas näher erklären. Wir leben nur in der Gegenwart. Das Vergangene ist vorbei, die Zukunft steht uns erst noch bevor. Aber manche vergangene Ereignisse sind uns immer noch präsent, sie haben eine Bedeutung für unser gegenwärtiges Leben. Das kann eine frühere Liebe sein, ein beruflicher Erfolg, eine schwere Krankheit oder andere einschneidende Erfahrungen. Eigentlich ist das alles längst »vorbei«. Aber zugleich ist es doch noch »präsent«, es wirkt hinein in unsere Gegenwart. Etwas Ähnliches gilt für zukünftige Ereignisse. Wenn wir auf wichtige zukünftige Ereignisse vorausblicken, dann spielt diese Erwartung schon hinein in unser »gegenwärtiges« Leben, etwa indem wir bestimmte Vorkehrungen treffen – das zukünftige Ereignis wirft gleichsam »seinen Schatten voraus«.

Wie sehr vergangene und zukünftige Ereignisse in unsere Gegenwart »hineinspielen«, hängt also davon ab, wie wichtig oder relevant diese Ereignisse für uns sind. Sehr viele Ereignisse, so meine ich, haben keinerlei Bedeutung für unser Leben. Es ist tatsächlich so, als hätten sie nicht stattgefunden.

Unser Alltag geht auf in unzähligen Belanglosigkeiten, in Routinen und Automatismen. Ohne diese Automatismen kämen wir mit der Welt gar nicht zurecht. Vermutlich können Sie sich nicht mehr daran erinnern, ob Sie vor zwei Tagen den linken oder rechten Schuh zuerst zugebunden haben. Aber warum sollten Sie auch? Es spielt keine wirkliche Rolle für Ihr Leben. Es ist nicht wichtig. Woran wir uns erinnern können, hängt davon ab, wie wir ein Ereignis erleben. Neuropsychologen nennen diesen Vorgang Codierung. Dass wir uns an viele Dinge nicht erinnern können, liegt schlicht daran, dass wir sie gar nicht erst im Gedächtnis speichern. Das hat vermutlich einen evolutionären Sinn. Das menschliche Gedächtnis ist offenbar darauf eingerichtet, vor allem solche Erinnerungen abrufbereit zu halten, die für unser Überleben wichtig sind, etwa die Erinnerung an eine bedrohliche Situation. Wenn wir uns an jedes Detail aus unserem Leben erinnern könnten, wären wir schlicht überfordert: Niemand kann sich daran erinnern, welche Farbe die Tasche eines Passanten hatte, der vor zwei Wochen zufällig auf der Straße an ihm vorübergegangen ist. Aber keiner wird vergessen, wie er einen schweren Autounfall überlebt hat.

Zu unserer Vergangenheit gehören auch Ereignisse, an die wir uns nicht mehr erinnern können. Aber sie befinden sich somit außerhalb unseres wahrnehmbaren Horizonts, sie haben keine Bedeutung mehr für uns. Eine solche Erfahrung machte etwa der russische Schriftsteller Leo Tolstoi. Beim Staubwischen bemerkte er, dass er sich nicht mehr an die Räume erinnern konnte, die er bereits gewischt hatte. Diese Einsicht soll Tolstoi sehr bewegt haben. Wenn er sich nicht daran erinnern konnte – war das nicht so, als wäre er niemals in den Räumen gewesen?

Erinnerungen speichern keine Schnappschüsse oder Kopien von Ereignissen, sondern Bedeutungen. Erinnern können wir uns nur an Dinge, auf die wir eine gewisse Aufmerksamkeit richten. Was einfach nur so an uns vorüberrauscht, das ist, als wäre es nie gewesen. Die Ereignisse sind uns eben nicht mehr gegenwärtig.

Unsere Gegenwart dauert so lange wie unsere Aufmerksamkeit. Kaum lässt die Aufmerksamkeit nach, scheint das Gegenwärtige in die Vergangenheit zu entschlüpfen. Gemeinhin definieren wir die Gegenwart als das, was ist, dabei ist sie doch das, was »geschieht«, meinte der französische Philosoph Henri Bergson (1859–1941). Nichts sei so wenig gegenwärtig wie der gegenwärtige Augenblick. Streng genommen nehmen wir ja gar nicht die Gegenwart wahr, sondern die unmittelbare Vergangenheit. Unsere Vergangenheit wächst ständig an, in jedem Moment; sie bleibt uns nach Bergson »ewig erhalten«. Nach Bergson fühlen und erleben wir daher nicht die Zeit selbst, sondern ihre Dauer in einem ununterbrochenen Fluss.

Der ausdehnungslose gegenwärtige Augenblick sei nur eine Abstraktion, aber keine Erfahrungstatsache, meinte auch William

James. Wir erlebten die Gegenwart nicht als »Jetztpunkt«, sie sei »keine Messerschneide, sondern ein Sattelrücken«. Auf diesem Sattelrücken schauen wir gleichsam von zwei Seiten in die Zeit, nämlich in die unmittelbare Vergangenheit und die nähere Zukunft. Unter dieser »scheinbaren Gegenwart« verstand James eine zeitliche Veränderung, die wir als Ganzes wahrnehmen können.

Schnelle Zeit, langsame Zeit

Zeit ist etwas, was wir auf bestimmte Weise erleben. Wenn ich in diesem Buch von Zeit spreche, dann meine ich nicht die Uhrzeit, die wir messen, sondern die Zeit, wie wir sie erfahren. Die Zeit hat eine Qualität. Wir messen die Dauer nicht, wie wir eine räumliche Distanz messen, sondern wir fühlen sie. Eine bestimmte Zeitdauer kann für uns »kurz« oder »lang« sein, wir erleben sie als »leer« oder »erfüllt«, als bedeutungsvoll oder gleichgültig.

Jeder Mensch hat seine eigene Zeit, seine Biografie, sein Zeiterleben. Wie der US-Psychologe Philip Zimbardo gezeigt hat, gibt es unterschiedliche Zeittypen, also Menschen, die mehr in der Gegenwart, in der Vergangenheit oder in der Zukunft leben. Wie wir unsere Zeit leben, hängt zudem ab von einer Vielzahl von gesellschaftlichen, wirtschaftlichen und kulturellen Faktoren. Je komplexer eine Gesellschaft ist, desto vielschichtiger sind die Zeitabläufe, meint die Wissenschaftshistorikerin Helga Nowotny.

Der Soziologe Robert Levine hat in einer berühmten Studie das Lebenstempo in 31 Ländern verglichen. In einem ersten Experiment maßen die Forscher die Gehgeschwindigkeit, in einem zweiten die Schnelligkeit am Arbeitsplatz und im dritten Experiment schließlich die Genauigkeit der Uhren. Daraus ermittelten sie fünf Grundfaktoren, die das Tempo einer Kultur bestimmen, nämlich Wohlstand, Grad der Industrialisierung, Klima, Einwohnerzahl und die jeweiligen Werte der Kultur. Das Ergebnis der Studie: Menschen in Regionen mit einer blühenden Wirtschaft, einem kühleren Klima und einer auf Individualismus ausgerichteten kulturellen Orientierung bewegen sich tendenziell schneller.

Ein wichtiger Unterschied liegt darin, ob die Menschen einer Gesellschaft die Dauer von Vorgängen mithilfe von Uhren festlegen oder ob sie von der Dauer des Ereignisses selbst ausgehen, ob sie sich also an der Uhrzeit oder an der Ereigniszeit orientieren. So etwa gibt man in Madagaskar eine »halbe Stunde« etwa an als »die Zeit, die man zum Reiskochen braucht«. Burmesische Mönche stehen morgens auf, wenn es »hell genug ist, dass man die Adern auf der Hand erkennt«. Manche Völker kennen nicht einmal den Begriff »Zeit«.

Die Psychologie versteht heute recht gut, wie unser subjektives Zeitempfinden funktioniert. Ob uns eine bestimmte Dauer lang oder kurz vorkommt, hängt wesentlich davon ab, was wir in dieser Zeit tun – und welche Erfahrungen wir dabei machen. Je größer die Dringlichkeit, umso langsamer vergeht die Zeit: Wer sehnsüchtig auf jemanden wartet, dem kommt selbst eine halbe Stunde endlos vor. Wer dringend ins Krankenhaus muss, für den werden Minuten zu Stunden. Auch Abwechslung verkürzt bekanntlich die subjektive Dauer. Monotone Tätigkeiten hingegen sind einfach deshalb eine Qual, weil sich der Tag so unerträglich in die Länge zieht.

Von Menschen in Todesangst weiß man, dass sie das Geschehen extrem verlangsamt erleben. Die buddhistische Meditation etwa ist darauf ausgerichtet, einen zeitlosen Zustand herbeizuführen. Asiatische Kampfsportler können ihr subjektives Zeiterleben sogar derart kontrollieren, dass sie die Bewegungsabläufe gleichsam in Superzeitlupe erleben.

Wie unterschiedlich schnell oder langsam die Zeit vergehen kann, habe ich selbst im Sport erlebt. Lange Zeit habe ich geboxt. Dabei geht eine Runde über drei Minuten. Wie lang diese drei Minuten, ja selbst nur eine halbe Minute sein kann, wenn man unter Druck steht, das habe ich einige Male erlebt. In diesem Sport lernt man weniger, hart zuzuschlagen. Man lernt vielmehr, sich die Zeit gut einzuteilen: Zeit ist Kraft. Wer sich zu schnell verausgabt, steht die drei Minuten nicht durch.

Aus psychologischen Studien weiß man, dass Menschen angenehme Erfahrungen wesentlich kürzer einschätzen als unangenehme. Eine lustige Party vergeht wie im Fluge, die Zeit bei einer Zahnbehandlung hingegen kommt uns ewig vor.

Je mehr neue Erfahrungen wir machen, je mehr Veränderung und Abwechslung es gibt, desto schneller scheint die Zeit zu vergehen, während sie uns im Rückblick umso länger erscheint. Wenn wir hingegen kaum Neues erleben, dann verkürzt sich unsere subjektive Zeit. Dieses Phänomen können wir regelmäßig im Urlaub beobachten. Die ersten Tage an einem neuen Ort erscheinen uns lang, weil wir von neuen Eindrücken überflutet werden, während die letzten ganz schnell verfliegen. Ähnlich erlebt es Hans Castorp, der Protagonist in Thomas Manns *Zauberberg*. Der Roman, der bekanntlich von einem Sanatoriumsaufenthalt Castorps handelt, führt uns dessen subjektives Zeiterleben vor Augen. Die Patienten, denen er im Sanatorium Berghof begegnet, scheinen dort in einer dem Zeitenlauf der restlichen Welt seltsam enthobenen Gegenwart zu leben und nehmen die Zeit gleichsam anders als er wahr. Später dann, als Castorp bereits Jahre im Sanatorium verbracht hat, wird auch seine Wahrnehmung der Zeit deutlich gerafft dargestellt, da er sich den immer gleichen Abläufen seines Umfelds anpasst. In einem »Exkurs über den Zeitsinn« bemerkt Mann: »Umgekehrt ist ein reicher und interessanter Gehalt wohl imstande, die Stunde und selbst noch den Tag zu verkürzen und zu beschwingen, ins Große gerechnet jedoch verleiht er der Zeit Breite, Gewicht und Solidität, sodass ereignisreiche Jahre viel langsamer vergehen als jene armen, leeren, leichten.« Und später: »Wenn ein Tag wie alle ist, dann sind sie alle wie einer.«

Je weniger Neues wir erleben, desto schneller vergeht unsere Zeit.

Aus diesem Grund vergeht die Zeit mit zunehmendem Alter schneller. Wir machen weniger neue Erfahrungen, leben im immer gleichen Trott dahin. Die Folge ist, dass wir uns an immer weniger erinnern, nicht aus Vergesslichkeit, sondern weil einfach nichts Neues geschieht, das unsere Aufmerksamkeit beansprucht. Obwohl im Alter die Tage scheinbar immer länger werden, haben wir daher den Eindruck, dass die Zeit immer schneller vergeht.

Langeweile und Flow

Wenn der Reiz des Neuen fehlt, wenn wir in monotonen Routinen gefangen sind, verspüren wir das Gefühl von Langeweile. Plötzlich schiebt sich die Zeit in den Vordergrund. Wir fangen an, die Minuten zu zählen. Es scheint uns, als würde die Zeit nicht vergehen. Die Langeweile wird zur leeren Dauer, die wir als Widerstand erleben. Zugleich werden wir uns aber auch auf quälende Weise unserer selbst bewusst. Gerade weil wir nichts mit uns anzufangen wissen, bemerken wir, dass wir überhaupt existieren. Interessanterweise langweilen wir uns häufig, wenn wir auf etwas oder jemanden warten müssen – auf einen verspäteten Zug, auf das Eintreffen eines geliebten Menschen. Zwischen Gegenwart und Zukunft liegt dann eine uns schmerzlich bewusste Distanz. Das Erwartete trifft eben nicht jetzt ein, sondern erst später – wenn überhaupt. Wir müssen uns also »gedulden«. Warten ist meist fremdbestimmt, es liegt nicht in unserer Macht. Fremdbestimmtes Warten ist eine Art asynchroner Zustand. Wir sind in der Gegenwart, das Erwartete in der Zukunft. Erst wenn das Erwartete eintrifft, verbindet es sich mit unserer Eigenzeit. Es ist diese Kluft zwischen Gegenwart und Zukunft, die das Warten oft so unerträglich macht. Während des Wartens können wir oft nichts anderes tun; insofern erscheint es uns oft als verlorene, tote Zeit.

Wenn wir gar nichts oder immer nur das Gleiche tun, kann uns die Zeit lang werden. Es gibt aber auch Momente, in denen wir so sehr in einer Tätigkeit aufgehen, dass die Zeit zu verfliegen scheint. Solche Zustände nennt der US-Psychologe Mihály Csíkszentmihályi »Flow«. In Flow-Erlebnissen richtet sich unsere gesamte Aufmerksamkeit auf eine bestimmte, in sich lohnende Tätigkeit, die wir als besonders herausfordernd erleben. Flow-Zustände erlebt man nicht nebenher, während man gleichzeitig seinen Facebook-Account checkt. In Flow-Erlebnissen ist überhaupt kein Raum für irgendetwas anderes; solche Zustände beanspruchen uns total.

In gewisser Weise ist »Flow« das genaue Gegenteil zur Langeweile. Das Zeitgefühl verschwindet, das Ich-Bewusstsein setzt aus. Intensive Flow-Zustände können mystischen Erfahrungen gleichen. Flow-Erlebnisse blenden die Umwelt völlig aus. Wir versinken ganz in unserer Tätigkeit; neben uns könnte dann, wie es redensartlich heißt, eine »Bombe einschlagen«, ohne dass wir es mitbekämen. Zugleich kommt es zur völligen Verengung auf die Gegenwart. Vergangenheit und Zukunft haben in Flow-Zuständen keinen Platz. Es zählt nur das Hier und Jetzt.

Langeweile und »Flow« sind zwei Extreme unserer Zeiterfahrung. Ein ganzes Leben in Langeweile wäre nicht nur eine Qual. Es würde zudem gleichsam auf ein Nichts zusammenschrumpfen; es wäre am Ende so, als hätten wir gar nicht gelebt, weil wir nichts haben, auf das wir zurückschauen könnten. Ein Leben in ständigem »Flow« hingegen wäre ein radikal eingeengtes Leben. Wir hätten alles von unserer jeweiligen Tätigkeit, aber nichts von der Welt. Wir würden uns gleichsam in einem Tunnel durch die Zeit, durch unser Leben bewegen.

Auf der einen Seite steht also die monotone, leere Zeit, auf der anderen die erfüllte Zeit, der kostbare Augenblick, von dem wir uns wünschen, dass er ewig währen möge. In seinen Träumereien eines einsamen Spaziergängers stellte Jean-Jacques Rousseau (1712–1778) das Gedankenexperiment an, was es für unser Leben bedeuten würde, wenn wir Vergangenheit und Zukunft »ausschalten« könnten. Wir würden dauernd in der Gegenwart leben, ohne jegliches Vorher oder Nachher: »Wir hätten einzig das Gefühl zu existieren, dieses aber würde unsere Seele ganz erfüllen. Wer sich in einem solchen Zustand befindet, kann sich, solange er währt, glücklich nennen.« In einem solchen Zustand sind wir, sagt Rousseau, uns selbst genug. Das bloße Gefühl zu existieren sollte uns schon dazu »genügen, dass wir unser Dasein als wert und reizvoll empfinden«. Doch ein Leben im ewigen Jetzt, ohne Zukunft und Vergangenheit, wäre auch ein ärmliches Leben. Wir wären gefangen in der Gegenwart.

Menschen haben einen besonderen Sinn für die Zukunft. Wir können uns Ziele setzen, uns zukünftige Situationen vorstellen, uns also auf etwas beziehen, was noch nicht ist. Dazu gehört die besondere Fähigkeit, Bedürfnisse aufzuschieben, unsere Begierden zu »hemmen«, wie Georg Wilhelm Friedrich Hegel (1770–1831) einmal schrieb. Um Ziele in der Zukunft zu realisieren, müssen wir in der Lage sein, gegenwärtige Wünsche zurückzustellen. Diese Fähigkeit ist wesentlich für unsere Freiheit. Wer nur seinen gegenwärtigen Impulsen folgt, wird seine Ziele nicht erreichen. Wie die berühmten »Marshmallow«-Experimente gezeigt haben, hängt unser

Ein erfülltes Leben kann ohne Zukunft und Vergangenheit nicht gelingen.

Lebenserfolg wesentlich von der Fähigkeit zur Selbstkontrolle ab. Der Entwicklungspsychologe Walter Mischel setzte dafür Kinder an einen Tisch, auf dem ein Teller mit einem Marshmallow stand. Das Kind wurde vor die Alternative gestellt, die Süßigkeit sofort zu essen oder zwei Minuten zu warten – und dann ein weiteres zu bekommen. Bei späteren Studien stellte sich heraus, dass jene Kinder, die warten konnten, als Erwachsene in vielen Hinsichten zielstrebiger und erfolgreicher waren als jene, die der Versuchung sofort nachgaben.

Aus vielen psychologischen Studien weiß man heute, dass Menschen zu einer verzerrten Sicht auf die Zeit neigen. So bewerten wir Ereignisse in ferner Zukunft in aller Regel anders als unmittelbar bevorstehende. Je länger wir auf ein bestimmtes Gut warten müssen, desto mehr sinkt sein gegenwärtiger Wert für uns. Auf dieser psychologischen Tatsache beruht letztlich die Attraktivität jedes Verbraucherkredits.

Eine mögliche Erklärung dafür lautet, dass bei näherliegenden Ereignissen Emotionen eine größere Rolle spielen. Denken Sie nur an die fast unbezwingbare Vorfreude, das Kleidungsstück im

Schaufenster oder das neue iPhone sofort zu besitzen, auch wenn Sie wissen, dass Sie es ein paar Monate später viel günstiger haben könnten. Umgekehrt fürchten wir uns heute vor dem morgigen Zahnarzttermin, während uns eine womöglich unangenehmere Behandlung in zwei Jahren derzeit noch völlig kaltlässt.

Fassen wir zusammen: Unser subjektives Zeitempfinden hängt offenbar davon ab, wie wir die Zeit nutzen. Umso mehr neue, bedeutsame Erfahrungen wir machen, desto erfüllter, reichhaltiger – und damit länger – wird die Zeit in unserer Erinnerung. Zeit ist subjektiv, sie existiert in unserem Bewusstsein – und damit nur in der Gegenwart. Wir schaffen unsere eigene Zeit, indem wir uns laufend das Vergangene wie das Zukünftige »vergegenwärtigen«; dabei neigen wir dazu, die Gegenwart höher zu bewerten als die Zukunft.

Die Zeit nutzen

S tellen Sie sich vor, Sie bekämen zwei Stunden geschenkt. Einfach so, aus heiterem Himmel, als würde der griechische Zeitgott Chronos persönlich ein Fenster für Sie öffnen. Plötzlich hätten sie zwei Stunden mehr zur Verfügung, eine Zeit ohne Termine, in der Sie nichts erledigen müssten. Was würden Sie mit der geschenkten Zeit tun? Wie würden Sie die zwei Stunden nutzen?

Zwei Stunden plus

Nun könnten Sie sich fragen, was das eigentlich heißt, plötzlich zwei Stunden mehr Zeit zu haben. Schließlich lässt sich die Zeit ja nicht vermehren. Das unterscheidet sie zum Beispiel vom Geld. Wenn Sie 100 Euro besitzen und ich schenke Ihnen 50 Euro, dann haben Sie 150 Euro. Zeit aber wird nicht »mehr« oder »weniger«. Die zwei Stunden kann ich Ihnen auch nicht einfach in die Hand drücken oder auf Ihr Konto überweisen. Wenn wir sagen, wir hätten gern »mehr Zeit«, dann meinen wir damit nicht die Zeit an sich, sondern frei verfügbare Zeit, über die wir selbst bestimmen können. Damit liegt der Ball sozusagen bei Ihnen: Nur Sie bestimmen, was Sie mit den zwei geschenkten Stunden anfangen oder nicht.

Natürlich könnten Sie auch einfach gar nichts tun, die zwei Stunden schlicht verstreichen lassen. Dann fragt sich allerdings, welchen Unterschied es überhaupt macht, ob Sie diese »zwei Stunden plus« haben oder nicht. Denn wenn wir von Zeit reden, dann meinen wir meist »erfüllte« Zeit – also eine Zeit, in der wir irgendwas erleben, die wir für irgendwas nutzen, und sei es nur zum Entspannen auf der Couch. Auf zwei vollkommen leere Stunden kann man auch verzichten. Die zwei geschenkten Stunden wären dann kein Zeitgewinn, sondern schlicht Zeitverschwendung.

Nun kann ich Ihnen nicht beweisen, dass es irgendwie schlecht oder unvernünftig ist, die zwei Stunden zu verschwenden. Ich kann Ihnen nur sagen, dass Sie damit die Chance verpassen, in dieser Zeit etwas Sinnvolles zu tun. Natürlich könnten Sie mir mit einem gewissen Recht entgegenhalten: Die zwei Stunden sind ja quasi gratis – also kann ich sie doch auch einfach verstreichen lassen. Das Problem dabei ist allerdings, dass Sie sich die zwei Stunden danach nicht wiederbeschaffen können. Auch das unterscheidet Zeit von Geld. Wenn Sie Ihr Geld verschwenden, können Sie neues verdienen. Mit der Zeit funktioniert das nicht. Vergeudete Zeit ist unwiederbringlich verloren; deswegen ist Zeitdiebstahl übrigens eine ernste Sache: Wer unsere Zeit verschwendet, raubt uns etwas von unserem Leben.

Sie haben also gute Gründe, das »Zwei Stunden plus«-Angebot ernst zu nehmen. Wenn Sie es nämlich nicht tun, dann berauben Sie sich selbst einer Chance, so klein sie auch sein mag. Und das wiederum können Sie sich ganz einfach klarmachen. Stellen Sie sich nur mal vor, die zwei Stunden, die Chronos Ihnen schenkt, wären Ihre letzten. Jetzt würden Sie diese geschenkte Zeit nicht mehr verstreichen lassen, richtig? Es ist unsere Endlichkeit, die selbst zwei Stunden so kostbar macht.

Zeit, die wir verstreichen lassen, können wir uns nicht zurückholen.

Die Sache sähe entschieden anders aus, wenn wir unsterblich wären. Zwar wären die zwei Stunden dann ebenfalls weg, aber es kämen ja immer wieder zwei weitere Stunden hinzu. Wir könnten alles immer auf später verschieben. Das könnte auf die Dauer zwar todlangweilig werden – schließlich müssten Sie ja nie wirklich etwas tun –, aber Sie könnten die zwei Stunden ohne jegliche Reue immer wieder verschwenden, dann auch noch die nächsten zweihundert, die nächsten zweitausend Stunden. Es bliebe ja immer noch genug Zeit. So einfach ist es aber leider nicht. Da Ihr Leben befristet ist, sollten Sie die zwei Stunden als Chance sehen. Schließlich wissen Sie ja nicht, ob Sie in zwei, zweihundert oder zweitausend Stunden überhaupt noch leben.

Nun könnten Sie in den zwei geschenkten Stunden einfach das erledigen, was Sie sonst nicht mehr geschafft haben. Vielleicht würden Sie sich darüber freuen, dass Sie jetzt endlich die beruflichen Mails schreiben können, für die Ihre Arbeitszeit nicht gereicht hat. In diesem Fall würden Sie in den zwei Stunden also das Gleiche tun, was Sie sonst auch tun. Die zwei zusätzlichen Stunden würden sich durch nichts vom Rest Ihrer Zeit unterscheiden, Sie könnten einfach nur mehr erledigen, da Sie mehr Zeit hätten als zuvor. Womöglich könnte man Ihnen sogar immer wieder »zwei Stunden plus« schenken – und Sie würden Ihre Zeit immer noch für die gleichen Dinge verwenden, gefangen in einem ewigen Hamsterrad. Auf diese Weise würden Sie allerdings die Chance vergeben, die zwei Stunden für etwas völlig anderes zu nutzen – eben für jene Dinge, die Sie sonst niemals tun.

Vielleicht denken Sie aber auch: Wie herrlich, zwei Stunden mehr Zeit – endlich kann ich einmal tun, was ich wirklich will. Das klingt zunächst ganz vielversprechend. Aber nun fragt sich natürlich, was genau Sie tun wollen. Vielleicht kommen Ihnen jetzt bestimmte Tätigkeiten in den Sinn, für die Sie sonst keine Zeit haben. Zum Beispiel könnten Sie einfach mal Musik hören, mit Ihren Kindern spielen oder endlich wieder zum Sport gehen. In jedem Fall werden es Tätigkeiten sein, denen Sie irgendeine Art von Sinn zuschreiben.

Allerdings sollten Sie bedenken, dass es nur zwei Stunden sind. In diesen zwei Stunden können Sie nicht alles tun, was Sie gerne tun würden. Zum Beispiel können Sie keinen Roman schreiben oder schnell mal den Grand Canyon besuchen, dafür sind die zwei Stunden einfach zu kurz. Ihr Spielraum ist also eingeschränkt. Was Sie in zwei Stunden überhaupt sinnvollerweise tun können, hängt von Ihrer Lebenssituation ab, von Ihren Fähigkeiten und Interessen, von Ihrer finanziellen Lage, Ihren persönlichen Beziehungen.

Die Zeit ist also »Ihre« Zeit. Schon deswegen kann es Ihnen nicht gleichgültig sein, wie Sie die zwei geschenkten Stunden verwenden. Es ist zunächst einmal Ihr Leben und nicht das der anderen. Nun hat jeder Mensch seine eigene Vorstellung von einem guten Leben. Natürlich können Sie die zwei Stunden auch dazu verwenden, um etwa im Park Grashalme zu zählen; ich möchte Sie keineswegs davon abhalten, vielleicht haben Sie ja Spaß daran. Aber diese Tätigkeit hätte mit Ihrer eigenen Vorstellung von einem guten Leben vermutlich relativ wenig zu tun. Insofern wäre das Grashalmezählen also kolossale Zeitverschwendung.

Wir müssen die Zeit im Einklang mit unseren Werten nutzen, um sie uns zu eigen zu machen.

Wenn Sie sich also fragen, wozu Sie die zwei geschenkten Stunden verwenden, werden Sie vermutlich überlegen, was Ihnen wichtig ist. Als endliche Wesen können wir nicht alle Optionen realisieren – erst recht nicht innerhalb von zwei Stunden. Aber wir können versuchen, in diesen zwei Stunden wenigstens irgendwas zu tun, das uns wichtig ist – und wenn dies darin besteht, ein gutes Essen zu genießen. Nun werden Sie vielleicht sagen: Ich kann doch auch einfach tun, wozu ich Lust habe. Das können Sie natürlich. Die Frage ist allerdings, ob Sie sich mit Ihren Wünschen auch identifizieren können – ob Sie also das, worauf Sie gerade Lust haben, auch wirklich wollen. Ein schwer abhängiger Raucher könnte die zwei Stunden damit zubringen, eine Zigarette nach der anderen zu rauchen. Aber wenn er sich nur von seiner Sucht treiben lässt, ohne sich damit identifizieren zu können, dann handelt er nicht als freie Person. So betrachtet, hat er seine Zeit nicht einmal verschwendet. Vielmehr waren die zwei Stunden gar nicht *seine* Zeit, sondern die Zeit eines Kettenrauchers, der von seiner Sucht nicht loskommt.

Die Frage ist also nicht bloß, wie Sie die zwei Stunden verwenden. Es geht auch darum, dass SIE es sind, die Ihre Zeit nutzen, dass Sie damit also nichts tun, was Sie mit Ihrer Person gar nicht in Einklang bringen können. Insofern hat die Zwei-Stunden-Frage etwas mit Ihrer Fähigkeit zur Selbstbestimmung zu tun. Wenn Sie einfach nur Ihren augenblicklichen Begierden folgen, dann entscheiden Sie nicht selbst, wie Sie die Zeit nutzen. Dann widerfahren Ihnen die zwei Stunden einfach, Sie sind der Zeit ausgeliefert, statt über sie zu bestimmen.

Angenommen, Ihr Flieger hat zwei Stunden Verspätung, Sie sind zum Warten am Flughafen verurteilt. Was also tun? Erstens könnten Sie versuchen, die zwei Stunden Zeit »totzuschlagen« – zum Beispiel durch Herumzappen auf Ihrem Smartphone. Zweitens könnten Sie schnell alles Geschäftliche erledigen, was Sie noch erledigen müssen. Drittens könnten Sie aber auch ein gutes Buch lesen, klassische Musik hören oder einen alten Freund anrufen, von dem Sie schon lange nichts mehr gehört haben.

Der Unterschied ist nicht nur ein psychologischer, sondern ein ethischer. Im ersten Fall haben Sie Ihre Zeit einfach verschwendet, im zweiten Fall für »Business as usual« verwendet. Im dritten Fall aber haben Sie die zwei Stunden für Dinge genutzt, für die Sie sonst eben »keine Zeit« haben. Insofern haben Sie die zwei Stunden nicht verloren, sondern in einem gewissen Sinne gewonnen, da Sie der Zeit einen besonderen Wert verliehen haben. Außerdem haben Sie Ihre Zeit noch mit jemand anderem geteilt, nämlich mit Ihrem alten Freund.

Die Grenzen der Zeit

Es gibt Zeit, die wir für Dinge verwenden, die wir tun müssen – für lebensnotwendige Dinge oder für Dinge, zu denen wir verpflichtet sind. Und es gibt freie Zeit, die »Kann-Zeit«, die eben frei ist von solchen Notwendigkeiten – die »Muße« (griech. *scholé,* lat. *otium*), nicht zu verwechseln mit Müßiggang oder Faulheit. Wer »Muße« hat, der hat eben Zeit für etwas anderes. Das heißt aber nicht, gar nichts zu tun. Die griechischen Philosophen waren der Ansicht, dass der Mensch Muße braucht, um zur Glückseligkeit zu gelangen. Als »banausisch« galt für Aristoteles jede Tätigkeit, die den Geist »der Muße beraubt und ihn erniedrigt«. Aber auch wer Muße hat, kann die Zeitknappheit zu spüren bekommen.

In einer bestimmten Zeit können wir nur eine bestimmte Zahl von Handlungen unterbringen. Wenn wir mehr Zeit hätten, könnten wir auch mehr tun. Also müssen wir unseren Zeithorizont und unsere Erwartungen in Einklang bringen. Wenn wir nur eine Stunde Zeit haben, können wir innerhalb dieser Stunde eben nur jene Tätigkeiten unterbringen, die insgesamt weniger als eine Stunde beanspruchen. Das klingt vielleicht trivial, doch es hat wichtige Konsequenzen. Wenn die Zeit nämlich knapp ist, müssen wir Prioritäten setzen, also eine Entscheidung treffen, was wir in diesem Zeitraum tun – und was erst später.

In einer einfachen Gesellschaft, so schreibt Niklas Luhmann, wäre Zeit auch nicht knapp. In komplexen Systemen hingegen müssen wir uns ständig mit anderen verständigen, in ihnen brauchen Entscheidungen mehr Zeit. Ohne zeitliche Abstimmung ist Kooperation nicht möglich. In komplexen Systemen können wir nicht alle Ziele gleichzeitig verfolgen; nach Luhmann müssen wir in Bezug auf unsere Werte »opportunistisch« verfahren. Termine und Fristen können helfen, Wertkonflikte zu lösen; sie geben unserem Tun in gewissem Sinn überhaupt erst eine Bedeutung. Ohne eine Frist wäre nichts wirklich wichtig. Die nahende Deadline rückt ein Projekt in den Vordergrund. Indem wir es priorisieren, wird es überhaupt erst wichtig. Die Terminierung stelle einem Thema »gleichsam künstlich die Frage Sein oder Nichtsein«, schreibt Luhmann.

Im Alltag unterscheiden wir oft zwischen »dringend« und »wichtig«. Als dringend gelten Dinge, die keinen Aufschub dulden. Wir müssen etwa »dringend« ein Telefonat führen, wenige Zeit später ist die Person vielleicht nicht mehr erreichbar, also müssen wir sie jetzt anrufen. Andere Dinge hingegen erscheinen uns »wichtig«, aber nicht unbedingt »dringend« – wir können sie also auf später verschieben. Bei dieser Unterscheidung zwischen »dringend« und »wichtig« unterliegen wir jedoch einer Täuschung, meint Luhmann in seinem Aufsatz. Wir können unsere Zeiteinteilung nicht ohne Weiteres von unserem Werturteil trennen. Ein Projekt mag uns noch so wichtig erscheinen – ohne Frist bleibt es merkwürdig unterbestimmt. Man fragt sich, woher die

Wichtigkeit eigentlich rührt, wenn es doch egal ist, wann man das Projekt zu Ende bringt. Erst die »Deadline« gibt die nötige Struktur. Wenn wir für eine Aufgabe unbegrenzt Zeit hätten, könnten wir sie ständig aufschieben. Sie verlöre sich gleichsam im Raum des Möglichen. Erst Zeitbindung stellt Verbindlichkeit her – und damit wird eine Aufgabe überhaupt erst zu dem, was sie ist.

Im Verhältnis von Zeit und Wert liegt eine Paradoxie: Wenn wir zu viele Werte gleichzeitig verfolgen, können wir keinen einzelnen dieser Werte mehr gezielt verfolgen. Wenn Sie neben Ihrem »Projekt« noch hundert andere Dinge tun, weil ohnehin »Zeit genug« ist, nehmen Sie das Projekt nicht wichtig. Eine Deadline zieht eine Grenze, indem sie den Zeitraum einengt. Das Projekt können Sie nun nicht mehr weiter aufschieben, also müssen Sie andere Dinge bleiben lassen.

Wenn wir etwas für »wichtig« halten, dann können wir es nicht einfach auf »irgendwann« verschieben. Wir müssen es in einer bestimmten Zeit tun. Umgekehrt: Indem wir Dinge priorisieren, weisen wir ihnen einen Wert zu, der nicht unbedingt im Einklang steht mit unseren sonstigen Werten. Aber das kann uns helfen, mit konfliktreichen Anforderungen etwa im Job besser zurechtzukommen. Je mehr dringende Dinge man zu tun hat, desto weniger kann man sonst tun. Ich muss jetzt eben »dringend« etwas erledigen, daher kann man etwas anderes nicht tun, obwohl das eigentlich wichtiger wäre: »Termine und Fristen sind institutionalisierte Ausreden«, schreibt Luhmann.

Der tiefere Sinn einer Deadline ist nicht nur, dass sie uns zum Handeln zwingt. Erst durch die Deadline wird ein bestimmtes Ziel überhaupt erst wichtig. Zeit und Wert stehen also in einem Zusammenhang. Wenn ich für dieses Buch keine Deadline gehabt hätte, dann hätte ich womöglich nie angefangen. Die andere Seite ist allerdings, dass terminlich Ungebundenes oft auf der Strecke bleibt. Ohne Deadline oder Frist fällt es uns schwer, unsere Aufmerksamkeit darauf zu richten. Das heißt aber letztlich, dass es uns nicht wirklich wichtig ist.

Zeitmanagement begann vermutlich mit einfachen To-do-Listen, wie wir heute sagen würden, später kamen Kalender und Terminbücher. Das moderne Zeitmanagement beruht auf Zielen – und der Idee der Priorisierung in den unterschiedlichsten Varianten, von tages- bis zu monatsbezogener Planung inklusive automatische Terminerinnerung. Heute gibt es Myriaden von Apps, die noch mehr Effizienz versprechen.

Unsere Eigenzeit leidet, wenn wir zu vieles gleichzeitig verfolgen.

Doch der Trend geht zurück zu einer gewissen Einfachheit – aus guten Gründen. Erstens stoßen alle Versuche, die Zeit minutiös zu planen, letztlich an Grenzen. Zweitens trägt diese Art Zeitmanagement der Qualität unserer Zeit nicht genügend Rechnung – sie tut unserer Eigenzeit gewissermaßen Gewalt an.

Warten auf die richtige Zeit

Die beste Zeitmanagement-Methode, die ich kenne, hat der US-amerikanische Berater und Bestsellerautor Stephen Covey entwickelt (*The 7 habits of highly effective people*). Statt um Zeitmanagement geht es eigentlich um wertbasiertes Selbstmanagement, das im Wesentlichen auf der Ausbildung bestimmter Gewohnheiten beruht. Im Mittelpunkt steht die Einsicht, dass wir alle verschiedene Rollen im Leben haben, von der beruflichen Funktion bis zur Rolle als Vater und Mutter. In jeder dieser Rollen müssen wir zwischen »wichtigen« und bloß »dringenden« Dingen unterscheiden. Der Fokus bei Covey liegt dabei auf »Proaktivität« – also auf einem vorausschauenden Handeln, das selbstbestimmt und zielorientiert eine bestimmte Situation herbeiführt, statt sich von den Umständen treiben zu lassen. Ich habe Coveys Methode selbst eine Zeit lang genutzt und kann sie im Grunde empfehlen. Aber auch sie hat ihre Grenzen, weil sie in letzter Konsequenz doch auf der Vorstellung basiert, dass wir so etwas wie souveräne Planer unseres Lebens sind oder sein können. Auch Coveys Ansatz missachtet die Dynamik der Zeit, das spannungsreiche Verhältnis von Eigenzeit und Fremdzeit.

Zum Glück gibt es die Zeit mit ihrem Früher und Später, sonst würde alles gleichzeitig auf uns einstürzen. So können wir priorisieren und Dinge immer »auf später« verschieben. Aus Sicht vieler Philosophen aber ist das schlicht unvernünftig. Denn der Zeitpunkt sollte für unser Handeln keine Bedeutung per se haben; wir sollten also alle Teile unseres Lebens gleich behandeln – und nicht etwa der Gegenwart den Vorrang geben. Aus einer solchen »zeitlich neutralen« Sicht sollten wir folglich kurzfristige Nachteile für einen längerfristigen Vorteil in Kauf nehmen. So gesehen wäre es also beispielsweise klüger, auf das neue Smartphone zu verzichten, wenn Sie es in zwei Monaten billiger bekommen. Der englische Ökonom und Moralphilosoph Adam Smith (1723–1790) war der Ansicht, zeitlich neutrales Handeln habe die »volle Billigung« eines »unparteiischen Zuschauers«, in den wir uns hineinversetzen können. Für diesen sei schließlich unsere jetzige Lage und unsere zukünftige Lage einerlei: »Er sieht beide nahezu aus der gleichen Entfernung, und beide berühren ihn darum nahezu in ganz gleicher Weise.« Eine solche zeitliche Neutralität klingt zunächst mal ziemlich abstrakt und lebensfremd. Natürlich spielt der Zeitpunkt für unser Handeln oft eine wichtige Rolle. So haben wir einen guten Grund, ein gegenwärtiges Gut einem zukünftigen vorzuziehen, weil wir es dann mit größerer Sicherheit bekommen. Aber das ist noch kein Widerspruch zu Adam Smiths These. Die zeitliche Neutralität fordert nur, dass der Zeitpunkt per se keine Rolle spielen darf. Wenn das gegenwärtige Gut und das zukünftige Gut gleich sicher sind, dann sollten Sie auch beide gleich bewerten.

Manchmal lohnt es sich zu warten, einen Wunsch aufzuschieben. So warten wir mit dem Kauf einer Aktie, in der Annahme, dass sie noch billiger wird. Man wartet auf eine günstige Gelegenheit. Manchmal fehlen noch bestimmte Informationen. Fußballmannschaften spielen manchmal abwartend, um den Gegner aus der Reserve zu locken. In einem Gespräch kann es besser sein, erst mal zu warten, was der andere sagt. Und im Geschäftsleben wie in der Politik kann es ratsam sein, bestimmte Entwicklungen abzuwarten. Denn auch Warten kann eine Form des Handelns sein. Wir können bestimmte Vorgänge beeinflussen, indem wir einfach gar nichts tun – oder etwas anderes als das, was eigentlich geplant war.

Zu warten kann die effektivste Form sein, die eigene Zeit zu nutzen und Eigenzeit zu schaffen.

Warten schafft eine Art zeitliche Distanz. Wer auf etwas wartet, der hat zumeist Zeit, noch einmal nachzudenken. Jede Reflexion erfordert eine solche Verzögerung. Man folgt nicht einfach einem Impuls, sondern tritt erst mal einen Schritt zurück: Will ich das wirklich? Diese Fähigkeit zu warten, etwas hinauszuzögern, hat mit unserem freien Willen zu tun. Wir können auf etwas warten, das wir für wichtig halten. Indem wir freiwillig warten, schaffen wir Eigenzeit – nämlich die Dauer bis zum Eintritt des Ereignisses, auf das wir eben warten. Jemand könnte etwa beschließen, noch etwas zu warten, bevor er sich das nächste Bier bestellt. Damit gewinnt er einen gewissen Spielraum, sich die Entscheidung noch mal zu überlegen – und vielleicht doch lieber das Mineralwasser zu nehmen.

Wartezeit aber erleben wir meist als Fremdzeit. Wenn wir es uns aussuchen könnten, würden wir in vielen Fällen lieber nicht warten, sondern unser Ziel sofort erreichen. Das Warten verschiebt ein bestimmtes Ereignis in die Zukunft. Plötzlich dehnt sich vor uns die Zeit. Dabei ist unsere Sichtweise entscheidend: Zwar verpassen wir vielleicht einen Anschlusszug – aber wir gewinnen eine halbe Stunde Zeit in der Gegenwart.

Diese Zeit können wir damit zubringen, einfach nur zu »warten«, das heißt, uns unsere Zeit irgendwie zu »vertreiben«. Wir können sie aber auch für etwas verwenden, was uns wichtig ist – und sie damit in Eigenzeit verwandeln. Fast jeder ist irgendwann genervt, wenn er zwei Stunden auf einen verspäteten Flieger warten muss. Aber wie wir diese Wartezeit subjektiv erleben, liegt bis zu einem gewissen Grad in unserer Hand. Die Zeit »vergeht« schneller, wenn wir uns beschäftigen. Und am schnellsten vergeht sie oft, wenn man sie mit jemandem teilen kann.

Den Fokus setzen

Knappheit, so die These der Psychologen Sendhil Mullainathan und Eldar Shafir von der Universität Princeton, verändert unser Denken. Knappheit beansprucht Aufmerksamkeit, sie verändert unseren Blick auf die Welt. Nicht genug zu haben ist unangenehm. Aus Shafirs Sicht handelt es sich bei Knappheit nicht einfach nur um eine physische Beschränkung, sondern um ein Mindset, eine Denkweise. Wenn wir unter Knappheit leiden, denken und handeln wir anders. Nicht nur die Zeit kann knapp sein. Es kann uns auch an Geld fehlen oder an sozialen Kontakten.

Knappheit nimmt uns in Beschlag, sie setzt uns unter Druck. Wenn wir genug Zeit haben, dann müssen wir auf die Zeit nicht achten. Zeitknappheit wiederum hilft, unsere Aufmerksamkeit zu fokussieren. Wenn die Zeit knapp wird, dann muss ich mich auf die jeweilige Aufgabe konzentrieren; ich darf mich nicht ablenken lassen. Das kann dazu führen, dass wir die jeweilige Aufgabe sogar besser erledigen. Paradoxerweise kann Zeitknappheit produktiver machen. Genau deshalb sind Deadlines oft so wirksam, weil sie gleichsam künstlich Knappheit schaffen und auf diese Weise dazu zwingen, uns zu fokussieren. Es soll Menschen geben, die überhaupt erst zur Höchstform auflaufen, wenn sie schon an der Deadline entlangschrammen. Doch das hat eine Schattenseite. Gerade weil uns Zeitknappheit derart fokussiert, kann sie dazu führen, dass wir andere Dinge vernachlässigen, die uns eigentlich wichtig sind. Wir geraten dann in einen Tunnel, in dem wir nichts anderes mehr sehen als die jeweilige Aufgabe.

Die »Bandbreite«, wie Mullainathan und Shafir es nennen, ist unsere Fähigkeit, Informationen zu verarbeiten, die Aufmerksamkeit auf Dinge zu lenken. Wir brauchen genügend »Bandbreite«, um gute Entscheidungen zu treffen, Pläne zu verfolgen und Versuchungen zu widerstehen. Wann immer wir in den Tunnel geraten, sinkt unsere Bandbreite – ähnlich wie bei einem Computer, der durch zu viele offene Programme immer langsamer wird.

Wenn wir unter Knappheit leiden, fangen wir an zu jonglieren und versuchen, möglichst viele Bälle gleichzeitig in der Luft zu halten. Statt auf das große Ganze konzentrieren wir uns auf den

Ball. Knappheit kann jedoch auch weitere Bandbreite generieren. Wer zu wenig Geld hat, wird Rechnungen erst nach der zweiten Mahnung bezahlen oder sogar Schulden aufnehmen, um andere Schulden zu begleichen. Mit der Zeit ist es ganz ähnlich. Unter Zeitknappheit fangen wir an, wichtige Aufgaben auf »später« zu verschieben. Wir nehmen also einen Kredit auf die Zeit auf, wir leben auf Pump.

Bis es schließlich zur Katastrophe kommt – und alle Bälle, mit denen wir jonglieren, gleichzeitig herunterfallen. Das Problem mit chronischer Zeitknappheit ist, dass wir nie die nötige Bandbreite haben, um das Problem strukturiert anzugehen. Stattdessen hetzen wir weiter von einem Termin zum nächsten und beschweren uns, dass wir zu wenig Zeit haben. Das wirkliche Problem der Zeitknappheit aber ist nicht der Stress. Wenn die Theorie von Shafir und Mullainathan stimmt und uns die Zeitknappheit dazu zwingt, uns auf Kosten unserer Bandbreite auf wenige Dinge zu fokussieren, dann bedeutet das, dass sie uns daran hindert, nach unseren Werten zu leben. Wenn wir im »Tunnel« sind, dann können wir schlecht zuhören, wir melden uns nicht bei Freunden, vernachlässigen unsere Gesundheit. Wenn Shafir recht hat, dann ist die fehlende Bandbreite also nicht nur ein psychisches, sondern letztlich ein ethisches Problem.

»Wir planen und managen unser Leben, aber nicht unsere Bandbreite«, schreiben Shafir und Mullainathan. Um das Problem der Zeitknappheit nicht nur zu verwalten, sondern zu lösen, müssen wir daher versuchen, unsere Bandbreite zu maximieren. Um dies zu erreichen, schlagen Mullainathan und Shafir vor, möglichst viele Tätigkeiten zu automatisieren, sodass wir uns nicht weiter darum kümmern müssen. Wir können Vorsorge für unvermeidliche Tunnel-Phasen treffen. Ich selbst zum Beispiel versuche, wichtige Dinge vor längeren Schreibphasen zu erledigen, aus der Erfahrung heraus, dass ich während des Schreibens dazu nicht mehr imstande bin.

Knappheit erschwert uns die Planung unserer Eigenzeit im Sinne unserer Werte, sie macht uns kurzsichtig. Wir sitzen sozusagen in der »Knappheitsfalle«. Schlimmer noch: Wir neigen häufig sogar dazu, solche psychologischen Phänomene herunterzuspielen. Sind die Menschen, die mit ihrer Zeiteinteilung nicht zurande kommen, nicht einfach selbst daran schuld?

Das Beispiel der Bandbreite zeigt die Grenzen jedes Zeitmanagements, jeder Planung. Der beste Plan wird zusammenbrechen, wenn Menschen die mentale Fähigkeit fehlt, diesen Plan auch umzusetzen. Das heißt aus meiner Sicht natürlich nicht, dass wir auf Planung überhaupt verzichten sollten. Ohne konkrete Ziele, ohne Termine und Fristen können wir nicht nach unseren Werten leben. Ich glaube allerdings, dass wir ein anderes Zeitmanagement brauchen, das ethische Fragen der Lebensführung ebenso in den Blick nimmt wie unsere psychische Konstitution. Wer wirklich gut planen will, der muss eben auch seine Bandbreite planen. Es reicht nicht, sich die »dringenden« und »wichtigen« Dinge auf eine To-do-Liste zu schreiben. Man braucht auch die mentale Fähigkeit, diese Aufgaben tatsächlich zu erledigen – und zwar auch dann, wenn man unter extremem Druck steht.

Zeitdruck

Das Paradox unserer Zeit besteht darin, dass wir keine Zeit haben, obwohl wir eigentlich ständig Zeit gewinnen. Denken wir nur an die Zeitersparnis durch moderne Technologien – an Flugzeuge, an Geldautomaten, an E-Mails. Fast alle Tätigkeiten können wir heute viel schneller erledigen als früher. Dennoch klagen viele Menschen über Zeitknappheit, über das Gefühl, dass sie »zu nichts mehr kommen«: Wir haben keine Zeit mehr »für uns selbst«.

Der Grund von Zeitknappheit

Fremdzeit – das sind die zeitlichen Ansprüche, die unsere Welt an uns stellt. Ständig müssen wir irgendetwas tun, ständig müssen wir rennen, um nicht auf der Strecke zu bleiben. Fremdzeit – das ist die Zeit, die über uns hereinbricht, die uns unsere Eigenzeit nimmt.

Die meisten heutigen Gesellschaftsdiagnosen laufen auf das Gleiche hinaus: Wir heutigen Menschen sind Getriebene, wir leiden unter Zeitdruck, wir kommen nicht mehr zur Ruhe. Das Leben ist instabil, die Welt komplex und unsicher geworden. Ständig müssen wir aufpassen, nicht zurückzufallen. Die Folgen sind Erschöpfung, Depression, Burn-out.

Der Jenaer Soziologe Hartmut Rosa etwa konstatiert eine allgemeine »Beschleunigung« der Gesellschaft, die uns immer mehr daran hindert, nach unseren Werten, nach unseren »moralischen Landkarten« zu leben. Nach Rosas Theorie stehen wir alle auf »rutschenden Abhängen«, wir können unser Leben nicht mehr planen, wir verlieren unsere Autonomie: »Das Leben bewegt sich nirgendwohin.«

Die Beschleunigung der Gesellschaft, so glauben viele Soziologen und Historiker, ist ein Phänomen der Moderne. In traditionellen Gesellschaften hatten die Menschen mehr Zeit. Erst die Erfindung der Uhr und die Industrialisierung veränderten das Verhältnis zur Zeit grundsätzlich.

Vormoderne Menschen orientierten sich an den Zyklen der Natur und an der sozialen Zeit der Gruppe, also an gemeinsamen Ereignissen, von der Arbeit auf dem Acker bis zum Gottesdienst. Statt mit dem Weckerläuten stand man einfach beim Sonnenaufgang auf. Zu einem Duell verabredete man sich einfach auf die Stunde des Morgengrauens. Niemandem wäre in den Sinn gekommen, dass man über die Zeit disponieren oder sie managen könnte.

Die ersten mechanischen Uhren stammen aus dem 14. Jahrhundert. Sie dienten dazu, die Kirchenglocken zum Läuten zu bringen, meist hatten sie nicht einmal Zifferblätter. Der Durchbruch in der Zeitmessung kam allerdings erst, als Galileo Galilei im 16. Jahrhundert die physikalischen Eigenschaften des Pendels entdeckte. Nun war es möglich, Zeit auf Stunden, Minuten und sogar Sekunden genau festzulegen. Die moderne Tugend der Pünktlichkeit entwickelte sich erst mit entsprechend genauen Uhren, die es erlaubten, sich tatsächlich für einen bestimmten Zeitpunkt zu verabreden.

Mit den Uhren war es möglich, Zeit zu quantifizieren, sie scheinbar zu beherrschen. Die Uhren über den Fabriktoren riefen zur Arbeit. Die immer präzisere Zeitmessung erlaubte es, Prozesse immer weiter zu rationalisieren. Der amerikanische Ingenieur Frederick Taylor zerlegte Arbeitsprozesse in kleinste

Zeiteinheiten, um ihre Effizienz zu steigern. Die Zeitordnung folgte nun nicht mehr natürlichen Prozessen, sondern dem Takt der Maschinen. Unter der Idee des Fortschritts galt es, alle Tätigkeiten maximal zu beschleunigen.

In der prämodernen Welt waren Raum und Zeit noch eng miteinander verbunden durch den Ort, an dem man sich gerade befand. Man lebte in lokalen Gemeinschaften, der Lebensrhythmus folgte den lokalen zeitlichen Praktiken. Erst mit der Modernisierung kam es zur Trennung von Raum und Zeit. Noch bis ins 19. Jahrhundert gab es eine Vielzahl von Kalendern und Zeitzonen auf der Welt. Erst auf Druck der Eisenbahngesellschaften und Meteorologen setzten sich universelle Zeitstandards durch; damit wurde es erstmals möglich, über räumliche Distanzen hinweg zu kooperieren. Diese Entwicklung aber ging einher mit einer »sozialen Entbettung«, wie es der Soziologe Anthony Giddens nennt. Das neue Zeitverständnis transformierte das alltägliche Leben; die Menschen wurden aus ihren traditionellen Lebenszusammenhängen herausgerissen.

Schon im 19. Jahrhundert gab es Widerstand gegen die Herrschaft der Uhr. Die Proteste richteten sich gegen die Standardisierung der Zeit, gegen den Taylorismus, gegen das Diktat der Uhrzeit im Allgemeinen, das aus Sicht der Kritiker die persönliche Freiheit der Menschen bedrohte. Plötzlich musste man pünktlich sein oder sich »unnatürlich« beeilen, um den Anforderungen der Uhrzeit zu entsprechen. Friedrich Nietzsche sprach vom »Zeitalter der Hast«.

Beschleunigung ist die zentrale Erfahrung der modernen Welt. Eisenbahn, Auto und später das Flugzeug erlaubten es, Distanzen in immer kürzerer Zeit zu überbrücken; Telegraf und Telefon erzeugten schon lange vor Internet und E-Mail einen globalen

Raum. Die neuen Technologien reduzierten räumliche Barrieren und ermöglichten es, Zeit zu sparen und die Effizienz zu steigern.

Die Moderne sei »flüchtig« geworden, meinte etwa der Soziologe Zygmunt Bauman. Traditionelle Lebensformen und Beziehungen lösen sich immer mehr auf. Zugleich wächst die Ungewissheit über die Zukunft: »Unter Bedingungen der Flüchtigkeit kann alles passieren, aber nichts mit Zuversicht und Gewissheit getan werden.« Die Folgen sind nach Bauman das Gefühl von Unwissen, Machtlosigkeit und diffuser Angst. Bauman vergleicht das heutige Leben mit dem »Gehen durch ein Minenfeld«: »Jeder weiß, dass eine Explosion jederzeit und überall passieren kann, aber niemand weiß, wann und wo das passiert.«

Der neue Kapitalismus, so meint der US-amerikanische Soziologe Richard Sennett, hat die »langfristige Zeit«, die das frühere Leben bestimmte, in »kurzfristige Zeit« verwandelt. Nach Sennett »driften« wir von Ort zu Ort, von Tätigkeit zu Tätigkeit; das führt zu Kontrollverlust und schwächt unsere Bindungen. Der »flexible« Kapitalismus höhlt damit letztlich unseren Charakter aus. Wir können unsere Identität nicht mehr zu einer Geschichte, zu einem Lebenslauf bündeln: »Die Erfahrung einer zusammenhanglosen Zeit bedroht die Fähigkeit der Menschen, ihre Charaktere zu durchhaltbaren Erzählungen zu formen.«

Als Reaktion auf die Zeitknappheit erhöht sich das Lebenstempo, viele Menschen haben das Gefühl, dass ihnen alles zu schnell geht, dass sie nicht mehr mitkommen. Der Soziologe Hartmut Rosa definiert Beschleunigung dabei als »Steigerung der Zahl an Handlungs- oder Erlebnisepisoden pro Zeiteinheit«, für ihn ist sie eine Folge des Bedürfnisses, »mehr in weniger Zeit zu tun«. Dabei unterscheidet Rosa verschiedene Strategien, »schneller« zu leben. Erstens können wir das Handeln selbst schneller machen. Zweitens können wir weniger Pausen einlegen. Drittens schließlich können wir versuchen, mehrere Dinge gleichzeitig zu tun. Doch paradoxerweise hilft das alles nichts. Wir leiden unter Zeitnot, obwohl wir alles immer schneller tun.

Die Gefahr ist allerdings, dass die allgegenwärtige Beschleunigung, die Rosa konstatiert, unser Leben nur noch mit »Dringlichem« überfrachtet, bis uns plötzlich alles dringlich erscheint. Die Zeitstruktur der Beschleunigungsgesellschaft bringe Menschen dazu, zu begehren, was sie eigentlich – aus einer »zeitstabilen« Perspektive – gar nicht wollen, behauptet Rosa. Mit anderen Worten: Wir verlieren das Gespür dafür, was uns wirklich wichtig ist. Nach Rosa verlieren wir die Fähigkeit, Erfahrungen zu machen, es kommt zu einem »Verstummen der Resonanzachsen zwischen Selbst und Welt«. Die Folge ist eine Art zeitliche Entfremdung – das Gefühl, nicht mehr selbst über seine Zeit bestimmen zu können. Das Gefühl, nicht mehr in der Eigenzeit zu leben, sondern in der Fremdzeit.

Als hauptverantwortlich für die Beschleunigung gelten die Globalisierung, der Kapitalismus – und natürlich die digitalen Technologien. Aber wenn wir die heutige Zeitknappheit verstehen wollen, dann dürfen wir uns nicht nur auf die Quantität der verfügbaren Zeit konzentrieren. Wir brauchen ein vielschichtigeres Verständnis von der Qualität des Zeiterlebens, meint etwa die Wissenschaftlerin Judy Wajcman von der London School of Economics: »Zeitknappheit kann nicht einfach in Bezug auf die Uhrzeit verstanden werden. Wie Menschen die Zeit erfahren und leben, ist das Ergebnis von Bedeutungen und Werten, den sie verschiedenen Aktivitäten zuschreiben.«

> Je schneller wir rennen, umso mehr verliert unser Leben die Richtung.

Zeitknappheit ist demnach nicht einfach nur Mangel an Zeit, sondern das Gefühl, nicht genug »erfüllte« Zeit zu haben. Wer etwa in seiner Arbeit aufgeht, wird nicht das Gefühl haben, dass er seine Zeit verschwendet. Nach Wajcman sind nicht die digitalen Technologien per se verantwortlich für die Beschleunigung, sondern vielmehr neue soziale Normen, die sich in unserem Umgang mit den Technologien herausgebildet haben.

So haben digitale Technologien die zeitlichen Arbeitsstrukturen dramatisch verändert. Vor allem E-Mails führen bei vielen zum Gefühl von Überlastung und Kontrollverlust. Das Problem von Mails ist nicht nur, dass wir so viele bekommen. Das Problem liegt in der zeitlichen Entkoppelung. Man muss Mails nicht sofort beantworten. Das bringt einerseits viele Vorteile. Andererseits führt es fast zwangsläufig dazu, dass immer Mails unbeantwortet bleiben – mit der Folge, dass Mitarbeiter länger arbeiten. Das ist etwa bei Meetings und Telefonaten anders. Da die Kommunikation dabei synchron abläuft, bleibt nichts unbeantwortet liegen. Nicht Smartphone und E-Mail selbst beschleunigen das Arbeitstempo. Es ist unsere Art, mit diesen Technologien umzugehen.

Das Aufbrechen von Raum und Zeit

Die Präsenz digitaler Technologien beeinflusst nicht nur unser Verhalten, sie rekonfiguriert unsere zeitliche und räumliche Erfahrung und schafft neue Lebensformen. Früher war es eben de facto unmöglich, während der Arbeitszeit Bankgeschäfte zu erledigen oder Bücher einzukaufen. Heute ist es in vielen Berufen bereits normal, dass Mitarbeiter während der Arbeitszeit ihren Facebook-Account checken oder gelegentlich ein YouTube-Video schauen. Genauso »normal« ist es aber auch längst, zu Hause auf der Couch Job-Mails zu schreiben.

Digitale Technologien erzeugen viele ganz unterschiedliche Zeitlichkeiten. Videoschauen oder Spielen auf dem Smartphone kann Muße sein. Sie geben uns Autonomie und Flexibilität und ermöglichen es, mit anderen Menschen in Verbindung zu bleiben. So schaffen sie eine neue Unmittelbarkeit. Jede Information ist per Mausklick verfügbar – und zwar sofort. Früher musste man in die Bibliothek gehen, in den Buchladen, zur Bank. Man musste Zeit aufwenden und sich anstrengen, um das zu bekommen, was man haben wollte. Es gab eine zeitliche Lücke zwischen einer Kaufentscheidung und der tatsächlichen Transaktion. Im Netz erwarten wir eine sofortige Reaktion. Das verändert unsere zeitliche Erfahrungswelt. Jeder kann das an sich selbst beobachten. Ich selbst habe noch die frühen Internetmodems erlebt. Heute werde ich schon ungeduldig, wenn sich eine Website mal nicht so schnell aufbaut wie gewohnt.

Die digitalen Technologien erleichtern unser Leben in vielen Belangen enorm. Man muss nicht mehr zum Bankschalter, um Geld abzuheben. Doch es gehen auch Erfahrungen verloren. Früher musste man eben zur Bankfiliale laufen, man traf unterwegs andere Menschen. Ich will damit keineswegs die analoge Welt verklären. Es geht mir um die Veränderung der zeitlichen Erfahrung. Wenn eine Tätigkeit keine Zeit mehr beansprucht, dann verändert sich die Tätigkeit selbst. Ein Buch auf Amazon zu kaufen ist nicht das Gleiche, wie zum Buchhändler zu gehen. Das eine ist ein Mausklick, das andere ein Erlebnis: Man geht raus, trifft andere Menschen, man kommuniziert.

Welchen Wert etwas für uns hat, hängt zum einen davon ab, wie sehr wir es begehren, schrieb der Philosoph Georg Simmel (1858–1918). Aber zugleich erscheint es uns umso wertvoller, je mehr Widerstand es unserem Begehren entgegensetzt. Was wir ohne Anstrengung bekommen, was wir leicht entbehren können, das halten wir für wenig wertvoll. Was ein Wert für uns ist, hängt davon ab, was wir dafür zu opfern bereit sind – unsere Geduld, unsere Arbeit, unser Geld. Wenn wir für Dinge keine Zeit mehr aufwenden müssen, dann verändert

In der digitalen Welt wird Geschwindigkeit zum Wert an sich.

das womöglich auch den Wert, den diese Dinge für uns haben. Nicht allein die Ökonomisierung unterminiert unsere Werte. Dinge verlieren auch dadurch ihren Wert, dass sie gratis und sofort verfügbar sind.

Früher musste man, wenn man jemanden kennenlernen wollte, auf eine Gelegenheit warten. Das konnte bedeuten, stundenlang auf einer Party oder in einer Bar herumzuhängen. Über Plattformen wie Tinder kann man heute Dates in Echtzeit verabreden. Die Unmittelbarkeit der digitalen Welt schafft die Möglichkeit, alle erdenklichen Wünsche augenblicklich zu erfüllen. Niemand muss mehr warten. Niemand muss mehr Zeit oder Anstrengung investieren.

Ich möchte nicht behaupten, dass etwa Online-Partnerbörsen Liebesbeziehungen entwerten, ganz im Gegenteil. Was sich allerdings verändert, das ist der zeitliche Aufwand für die Partnersuche – und damit die Qualität der Partnersuche selbst. Das Netz verschafft uns einerseits sofortigen, anstrengungslosen Zugang zu allem. Aber wirklicher Wert entsteht aus meiner Sicht erst, wenn wir Zeit und Mühe in jemanden oder etwas investieren.

Die digitalen Technologien geben uns die Illusion, nach Belieben über die Zeit verfügen zu können. Mittlerweile gibt es praktisch für jede Tätigkeit eine App, die zumindest erhebliche Zeitersparnis verspricht. Wir lagern immer mehr geistige Aktivitäten auf unser Smartphone aus. Niemand muss sich mehr die Mühe machen, eine Telefonnummer aufzuschreiben, geschweige denn sich zu merken.

Je mehr wir versuchen, Macht über die Zeit zu gewinnen, desto öfter stoßen wir an einen Widerstand. Zwar ermöglichen uns heutige Kommunikationstechnologien, viele Dinge viel schneller zu tun als jemals zuvor. Aber zugleich zwingen uns die Technologien auch ihren eigenen Takt auf, der unsere Erfahrung verändert. Kurznachrichten via Handy erlauben zwar schnelle Kommunikation. Aber auch die Kommunikation selbst verändert sich. Das ist allerdings kein neues Phänomen. Neue Technologien haben immer auch die Tätigkeiten verändert, für die wir sie nutzen.

Unsere Eigenzeit scheint sich jedoch einer immer weiteren Beschleunigung zu widersetzen. Erfahrungen macht man nicht in einem Augenblick. Ein Mausklick reicht vielleicht, um eine Überweisung zu tätigen oder ein Buch zu kaufen. Aber ein Moment reicht nicht, um ein Musikstück zu hören oder ein Gespräch zu führen. Man kann nicht alles beliebig beschleunigen. Um bei dem Musikstück zu bleiben: Könnten Sie sich vorstellen, ihre Lieblingskomposition in vielfacher Beschleunigung zu hören, ohne dass dadurch die ästhetische Erfahrung verloren ginge? Genauso verhält es sich mit Menschen. Jemanden wirklich kennenlernen kann man nicht in fünf Sekunden, auch wenn einem Speed-Datings oder Tinder das suggerieren. Und gerade die bedeutendsten menschlichen Erfahrungen entziehen sich überhaupt jeder zeitlichen Bestimmung.

Wenn wir zu viel in zu kurzer Zeit erleben, dann laufen wir Gefahr, die Fähigkeit einzubüßen, bedeutsame Erfahrungen zu machen. Um etwa neue Erinnerungen zu bilden, müssen wir einer Sache erst ein gewisses Maß an Aufmerksamkeit zuwenden.

Viele Menschen haben heute Schwierigkeiten, ihre Aufmerksamkeit länger zu fokussieren, weil sie sich schnell ablenken lassen. Das Netz bietet ständig solche Ablenkungen. Der Dauerbeschuss mit Informationen macht es immer schwieriger, sich über die Zeit hinweg auf eine Sache zu konzentrieren. Die Gefahr liegt darin, dass wir nichts mehr wichtig nehmen können, wenn wir verlernen, den Dingen Aufmerksamkeit zu schenken.

Heute leben wir einer Welt der globalen Gleichzeitigkeit. In jedem Augenblick sind wir konfrontiert mit Myriaden von Ereignissen, die irgendwo auf der Welt gerade stattfinden. Per Smartphone können wir heute beliebige Distanzen überwinden. Während die Moderne durch Steigerung der Schnelligkeit charakterisiert gewesen sei, gehe es heute um »Zeitverdichtung«, meint der Münchner Zeitforscher Karlheinz Geißler: Die Menschen versuchen, immer mehr Dinge gleichzeitig zu tun.

Im heutigen Zeitregime scheinen Vergangenheit, Gegenwart und Zukunft miteinander zu verschwimmen. Der Literaturwissenschaftler Hans Ulrich Gumbrecht prägte dafür den Begriff der »breiten Gegenwart«. In ihr geschieht immer mehr gleichzeitig. Zugleich aber ist uns immer weniger »präsent«. Unter Präsenz versteht Gumbrecht eine besondere Form der Aufmerksamkeit, die wir brauchen, um das Gefühl einer »erfüllten Zeit« zu haben.

Eine Welt der Hyperaktualität

Wir leben in einer temporalen Krise, meinen Kulturkritiker wie Gumbrecht. Das zeitliche Gefüge ist auseinandergebrochen – die Zeit ist offenbar »aus den Fugen« geraten, wie es in

Shakespeares *Hamlet* heißt. Die Vergangenheit ist nicht mehr abgeschlossen, sie wirkt in die Gegenwart nach, wie Gumbrecht schreibt. Zugleich ist die Zukunft nicht mehr die Verheißung, die sie einmal war. Auf gesellschaftlicher wie auf individueller Ebene erleben wir sie als Ungewissheit. Einst war der Lebenslauf eines Menschen klar vorgezeichnet, von der Ausbildung über die Berufswahl bis zur Familiengründung. Heute müssen wir im Laufe unseres Lebens mit allem rechnen. Die Kulturwissenschaftlerin Aleida Assmann schreibt: »Die Vergangenheit hat ihre Qualität verändert, aber auch die Zukunft ist nicht mehr, was sie war. Die entscheidende Frage ist deshalb nicht mehr ausschließlich: Was wollen wir von der Vergangenheit und Zukunft?, sondern immer öfter auch: Was will die Zukunft, was will die Vergangenheit von uns?«

Die Frage ist allerdings, ob diese »breite Gegenwart« tatsächlich eine Krise ist – und nicht vielmehr »zurückgewonnene Normalität«, wie Aleida Assmann meint. Lange Zeit orientierten sich die Menschen vor allem an der Vergangenheit. Die Moderne war ein Versuch, mit dem Vergangenen zu brechen; das Ziel sah man in der Zukunft. Heute kehren wir in gewisser Weise wieder zurück in die Gegenwart – in die Zeit, die wir leben. So gesehen hatte der heilige Augustinus recht, meint Assmann: Die Gegenwart ist der »Ort, an dem Menschen ihre Gegenwart ausdehnen, indem sie sich ihre Zukunft und Vergangenheit selbst erschaffen«.

Dabei leben wir heute nicht einfach nur in der Gegenwart. Wir leben in einer Art »Hyperaktualität«. Nichts ist einfach vorüber, alles wirkt nach, bleibt aktuell, zugleich ist alles schon zukünftig. Ein Facebook-Post von gestern bleibt in der Timeline, andere können sich darauf beziehen, mich dazu zwingen zu reagieren. Alles verschwimmt in einem Aktualitätsstrom, oder besser: in einer Vielzahl von Informationsströmen, die vergangen, gegenwärtig und zukünftig zugleich sind.

In der Welt der Hyperaktualität herrscht nicht mehr die Uhrzeit. Es herrscht eine neue Ereigniszeit. Facebook-Diskussionen sind nicht zeitlich begrenzt. Sie haben ihre eigene Dauer. Und wenn ein neues Ereignis eintritt, dann fegt es wie ein Sturm durchs Netz, der nicht einfach irgendwann abebbt, sondern weiter nachwirkt. Das Netz erzeugt seine eigene Zeit als Aktualitätsstrom, der sich selbst

Vergangenheit, Gegenwart und Zukunft waren nie so simultan verfügbar wie heute.

immer wieder neu reproduziert. In der Informationsflut wird es immer schwieriger, das Wichtige vom Unwichtigen zu unterscheiden, aus einem sehr einfachen Grund: Die verschiedenen Aktualitätsströme stehen alle gleichzeitig zur Verfügung. Eine Diskussion mit Freunden etwa war früher beendet, wenn man gemeinsam die Kneipe verließ. Eine Facebook-Diskussion ist nie »vorüber«, sie bleibt immer in gewissem Sinne aktuell.

Diese Ereigniszeit aber strapaziert unser Zeitempfinden. Hyperaktualität können wir nicht beherrschen. Das Netz führt uns vor Augen, dass die Welt zu groß ist für unsere Zeit. Wir können nicht nach dieser neuen Weltzeit leben, sondern nur nach unserer eigenen Zeit. Hyperaktualität sprengt unsere Eigenzeit, sie ist ein Überschuss.

Unsere Aufmerksamkeit ist begrenzt. Wir können eben nur eine gewisse Anzahl von Informationen verarbeiten. Wir sind weder Computer noch Götter. Unsere Aufmerksamkeit wird zur knappen Ressource, die immer mehr die Rolle des Geldes übernimmt. Wie das Geld entscheidet unsere Aufmerksamkeit darüber, was »praktisch machbar« ist in einem Raum von Möglichkeiten. Wer eine bestimmte Summe Geld zur Verfügung hat, muss damit haushalten; er kann eben nur bestimmte Güter kaufen, andere nicht. Mit der Aufmerksamkeit ist es ganz ähnlich. Wir können uns eben nur einer bestimmten Anzahl von Dingen zuwenden, andere müssen wir zwangsläufig ignorieren. Das bedeutet aber, dass wir uns entscheiden müssen, worauf wir unsere Aufmerksamkeit richten.

In einer Welt der Hyperaktualität findet ein Ereignis keinen wirklichen Abschluss mehr. Was auch immer eine gewisse Aufmerksamkeit bekommen hat, wirkt im Netz weiter fort – in Diskussionsgruppen, auf Videos und Websites. Zur Funktionsweise von sozialen Medien gehört es, dass sie ständig Anschlusskommunikation herstellen. Die Kommunikation hört deshalb nie auf. Jemand postet etwas und bekommt dafür Resonanz, die wiederum weitere Resonanz erzeugt – und so weiter. Vor einiger Zeit hatte ich das Erlebnis, dass jemand in der FB-Diskussion eine Bemerkung zitierte, die ich vor einigen Monaten einmal in einem bestimmten Kontext gemacht hatte. Auf diese Weise bekam meine Bemerkung neue Aktualität – und zog weitere Kommentare in einem ganz anderen Kontext nach sich. Im Netz existiert also alles weiter. Zugleich nimmt das Netz aber auch vieles bereits vorweg, indem es neue Anknüpfungsmöglichkeiten verschafft.

Auch verschwindet in einer Welt der Hyperaktualität nichts. Es ist so, als hielte sich das Netz ständig in seiner lebendigen Gegenwart, die ihre »Retention«, also die noch frische Erinnerung des Vergangenen, wie die »Protention«, die Erwartung des Zukünftigen, immer weiter erstreckt. Der Philosoph Edmund Husserl (1859–1938) verglich die Retention einmal mit einem Kometenschweif, den die Wahrnehmung hinter sich herzieht. In diesem Sinn ist das Netz eine Art Kometenschweif der Menschheit. In der Hyperaktualität fallen das schon Erlebte und die Zukunftserwartung zusammen. Der Unterschied zum gewöhnlichen Zeitbewusstsein ist, dass ein zeitliches Objekt rasch aus unserem Bewusstsein verschwindet, je mehr es sich vom Jetzt entfernt. Die Erinnerung an den letzten Urlaub stand uns einmal unmittelbar vor Augen, aber im Laufe der Zeit ist sie verblasst. Das Netz aber schafft eine andauernde Retention, in der sich der erlebte Moment immer weiter ausdehnt. Das Netz selbst ist »strömende Gegenwart«. Die Hyperaktualität wird dort zu einer Bedrohung für unser Selbst, wo wir mentale Tätigkeiten an digitale Geräte auslagern. Je enger gekoppelt wir an unser Smartphone sind, desto mehr dringt die Hyperaktualität im Netz in unser Leben.

Uns fehlt die kognitive Kapazität, diesen Aktualitätsstrom zu verfolgen, geschweige denn zu steuern. Wir können eigentlich nur punktuell eingreifen, uns eine Zeit lang an Diskussionen beteiligen oder Nachrichtenhäppchen zur Kenntnis nehmen. Die Konsequenz ist, dass wir nur ein fragmentarisches Bild bekommen. In der Welt der Hyperaktualität entscheidet unsere knappe Aufmerksamkeit darüber, wie viel Welt überhaupt an uns herankommt, was wir schlicht ausblenden und was nicht. Was keine Aufmerksamkeit bekommt, das existiert in gewisser Weise nicht. Wir brauchen Aufmerksamkeit für alles, was wir erleben wollen. Das heißt natürlich auch, dass wir all das nicht erleben, wozu uns die nötige Aufmerksamkeit fehlt. Dazu können auch Dinge gehören, die uns eigentlich wichtig sind.

Hyperaktualität ist für Menschen nicht lebbar, weil sie unsere kognitiven Möglichkeiten übersteigt. Stellen wir uns vor, es gäbe so etwas wie einen Quantenakteur: ein gottähnliches Wesen, das alles gleichzeitig tun könnte. Ein solcher Quantenakteur verfügte über unbegrenzte Aufmerksamkeit, er könnte alle Informationen gleichzeitig verarbeiten. Wir hingegen sind endliche Wesen und können unsere Aufmerksamkeit nur auf einige wenige Dinge richten.

Sogenannte Kompensationstheoretiker wie der Philosoph Odo Marquard sind der Auffassung, dass wir das Neue überhaupt nur ertragen können, wenn wir das Alte bewahren – unsere Herkunft, unsere Traditionen. Das Leben ist kurz, wir müssen uns also beeilen. Zugleich aber können wir nicht beliebig viel Neues erreichen. Unsere Veränderungsfähigkeit ist beschränkt. Nach Marquard müssen wir daher »beides tun – schnell leben und langsam leben, Eiler und Zögerer sein«.

Die Hoffnung von »Kompensationstheoretikern« wie Marquard liegt darin, dass uns der Fortschritt genug Zeitgewinn beschere, um die gewonnene Zeit für ein langsameres Leben zu nutzen. Wer seine Überweisungen online erledigen kann, der gewinnt damit also die nötige Zeit, um in Ruhe Musik zu hören oder durch den Wald zu spazieren. Darin liegt im Grunde das Versprechen von Millionen Apps, die es ermöglichen sollen, jede erdenkliche Tätigkeit schneller zu erledigen oder sogar ganz zu automatisieren.

Auch Hartmut Rosa weiß, dass Entschleunigung nicht die Lösung ist. Vielleicht ist die Beschleunigung auch gar nicht das Problem. Die meisten von uns finden es toll, dass wir Geld online überweisen können, statt dafür zur nächsten Bank laufen zu müssen. Aus meiner Sicht ist es irreführend, von einer »Diktatur der Uhren« zu sprechen, wie das der Zeitforscher Geißler tut. Erst Kalender und Uhren machen aus unserer Zeit eine soziale Zeit. Sie synchronisieren unsere Abläufe, sie ermöglichen es, dass wir uns »für eine bestimmte Zeit« verabreden können. Ohne Uhrzeit würden wir nebeneinander leben, nicht miteinander.

Oft glauben wir, dass Uhren bloß die Zeit messen, die ohne unser Zutun abläuft, meint die Wissenssoziologin Helga Nowotny. Dabei helfen uns Uhren lediglich, unsere Aktivitäten zu koordinieren: »Es sind wir Menschen, die die Zeit machen.« Mit den Uhren und Kalendern würde zwar auch der von ihnen ausgehende Stress verschwinden. Allerdings würden wir damit auch sozial wieder in die Steinzeit zurückkehren. Die chronologische Zeit ist ein Grundbaustein unserer modernen Gesellschaft.

Bei allem Zeitdruck: Wir können uns von dieser Gesellschaft nicht einfach loskoppeln. Wir sind geprägt von ihren zeitlichen Strukturen und Abläufen. Wer einen Termin vereinbart, von dem wird erwartet, dass er auch erscheint. Phänomene wie Zeitknappheit und Stress sind ein gesellschaftliches und damit letztlich politisches Problem, das wesentlich damit zu tun hat, wie wir das Verhältnis von Arbeit und Freizeit in Zukunft organisieren. Aus meiner Sicht brauchen wir – bei aller Flexibilität – dennoch ein gewisses Maß an zeitlicher Geborgenheit. Darunter verstehe ich Strukturen und Abläufe, auf die man sich verlassen kann – und die regelmäßig und weitgehend störungsfrei ablaufen. Nicht Zeitknappheit selbst macht krank. Es ist die andauernde Überforderung des Einzelnen – das wiederkehrende Gefühl, über zeitliche Anforderungen im Job keine Kontrolle mehr zu haben. Es reicht allerdings nicht, Menschen mehr »Zeitautonomie« zu geben, also die Möglichkeit, frei über ihre Zeit bestimmen zu können. Vielmehr braucht gelebte Zeit – und auch Arbeitszeit ist gelebte Zeit – Struktur. Routinen und Rituale erzeugen informelle Bindungen und das Gefühl von Zugehörigkeit – und wenn es nur die morgendliche Begegnung am Kaffeeautomaten ist.

Zeitpech

A ngenommen, Sie haben sich fest vorgenommen, heute zum Sport zu gehen. Also packen Sie Ihre Sachen und gehen los. Unterwegs treffen Sie einen alten Freund und kommen ins Reden. Irgendwann schauen Sie auf die Uhr und stellen fest, dass Sie Ihren Yogakurs ohnehin schon verpasst haben. Also gehen Sie mit Ihrem Freund auf ein Bier. Am Ende des Tages haben Sie keinen Sport gemacht, stattdessen sind Sie in der Kneipe versackt. Sollte Sie jetzt das schlechte Gewissen plagen, kann ich Sie beruhigen: Nicht Sie tragen die Schuld an Ihrem gescheiterten Plan – Schuld war die Kontingenz.

Im Bann der Kontingenz

Wir setzen uns Ziele, wir planen, wir vereinbaren Termine. Doch dann kommt etwas dazwischen, das den Plan über den Haufen wirft. Wenn wir unsere Zeit planen, lassen wir uns von der Vorstellung leiten, wir könnten den Lauf der Dinge durch unser Handeln steuern. Es scheint uns, als hätten wir alles selbst in der Hand. Dahinter steht unser Glaube, wir könnten über die Zukunft verfügen. Die Folge ist oft sinnloser Aktionismus, der genau deswegen wirkungslos bleibt, weil er die Wirkung erzwingen will.

Wenn wir handeln, orientieren wir uns an Zielen, an einer bestimmten Idealvorstellung, die wir durch unser Handeln zu realisieren versuchen. Dieses »teleologische« Handlungsmodell (von *télos* für Ziel, Zweck) geht zurück auf die griechische Philosophie. Ein kluger Mensch ist derjenige, der weiß, was für ihn »gut und nützlich« ist, und der die »rechten Mittel« kennt, um sein Ziel zu erreichen, sagt Aristoteles in der *Nikomachischen Ethik*. Das Problem an diesem Modell ist, dass sich die Umstände, auf denen es basiert, ändern können. Ein unerwartetes Hindernis tritt auf, irgendetwas läuft nicht so, wie man sich das vorgestellt hat.

Kontingenz bedeutet, dass die Dinge immer auch anders kommen können. Ein bestimmtes Ereignis tritt nicht mit Notwendigkeit ein; es gibt alternative Möglichkeiten. Ich kann immer auch anders wählen. Im Moment schreibe ich an diesem Buch. Doch stattdessen könnte ich auch laufen gehen oder etwas völlig anderes tun. Die Erfahrung von Kontingenz ist eine zentrale Erfahrung des heutigen »multioptionalen« Menschen.

Wir leben in einer komplexen Welt, in der es immer schwieriger wird, die Zukunft zu planen. Man kann sich auf nichts mehr verlassen. Man weiß nicht mehr, ob man seinen Arbeitsplatz in einem Jahr noch hat. Niemand kann beruhigt auf die Rente zusteuern. Wir wissen nicht einmal, was am nächsten Tag sein wird.

In unserer multioptionalen Gesellschaft stehen wir vor einer Vielzahl von Möglichkeiten. Das moderne Leben ist geprägt von Kontingenz. Alles kann auch anders sein. Einst waren Lebensläufe mehr oder weniger vorherbestimmt. Der vormoderne Mensch hatte keine Optionen, sein Leben war determiniert. Heute müssen wir jederzeit mit allem rechnen.

Die Vielzahl unserer Optionen, unsere »Multioptionalität«, wirft uns zurück auf die alte sokratische Frage »Wie sollen wir leben?«. In gewisser Weise, so glaube ich, können wir die Frage heute erst so richtig stellen. Sollen setzt Können voraus. Erst wenn ich alles tun kann, stellt sich die Frage, was ich tun soll, in voller Dramatik. Man kann die sokratische Frage daher heute neu formulieren: Wie sollen wir leben unter der Bedingung von Multioptionalität und Kontingenz?

Kontingenz durchkreuzt unsere Vorstellung, dass wir alles planen können. Das Leben ist nicht nur das Ergebnis unserer Wahl. Es können jederzeit Umstände eintreten, die alle unsere Pläne über den Haufen werfen. Sobald etwas »dazwischenkommt«, bricht das beste Zeitmanagement zusammen. Insofern unterminiert das Zufällige die Vorstellung von der »Absolutmachung des Menschen«, wie es der Philosoph Odo Marquard ausdrückt, also die Vorstellung, dass wir modernen Menschen unser Schicksal selbst in der Hand haben, statt von einer göttlichen Vorsehung gelenkt zu werden.

Das Zufällige werden wir nicht los. Selbst die ausgefeilteste To-do-App kann nicht verhindern, dass plötzlich etwas »zu tun« ist, was bislang nicht auf der Liste stand. Um 18 Uhr haben Sie eine Verabredung mit einem alten Freund. Leider ruft kurz zuvor der Chef an und gibt Ihnen einen Auftrag, den Sie sofort erledigen müssen – und das war's dann mit Ihrer Verabredung. Oder Sie haben für eine Tätigkeit eine bestimmte Zeit veranschlagt – und brauchen dann doch länger.

In unserer gehetzten Welt bedeuten Kontingenzen oft unvorhergesehenen Zeitverlust. Irgendwelche Tätigkeiten brauchen mehr Zeit als geplant, Terminpläne laufen aus dem Ruder – plötzlich bricht Fremdzeit über uns herein.

Odo Marquard unterschied einmal zwischen dem »Beliebigkeitszufälligen« und dem »schicksalshaft Zufälligen«. Das Beliebige können wir beeinflussen, das schicksalshaft Zufällige nicht. Natürlich ist es meine Entscheidung, weiter an diesem Buch zu schreiben, statt den Laptop zuzuklappen und etwas anderes zu tun. Bis zu einem gewissen Grade können wir auch Ereignisse und die Handlungen anderer beeinflussen. Ein Auftraggeber muss immer damit rechnen, dass der Auftragnehmer nicht rechtzeitig fertig wird. Mit einer entsprechenden Deadline kann er das Risiko aber reduzieren. Wenn ich einen bestimmten Zug erreichen will, dann muss ich das Taxi eben so früh bestellen, dass ich den Zug selbst dann noch erreiche, wenn das Taxi in einen Stau gerät. Es soll Menschen geben, die immer schon drei Stunden vor Abflug am Flughafen sind. Man mag sich darüber lustig machen, aber es ist eben kontingenzbewusst.

Um Stress zu vermindern, müssen wir mit Kontingenzen rechnen.

Schicksalshafte Kontingenzen können wir nicht ändern. Es liegt nicht allein in Ihrer Hand, ob Sie Ihren Job weiterhin behalten. Natürlich können Sie sich anstrengen und versuchen, sich möglichst unverzichtbar zu machen. Aber das Unternehmen könnte Pleite machen, ihre Abteilung schließen oder Ihren Job durch einen Roboter ersetzen.

Ein plötzliches, unvorhergesehenes Ereignis durchbricht gleichsam die Zeit. Wir können das Ereignis nicht fassen, es überfordert uns. Wir wissen nicht, wie wir darauf reagieren sollen. Solche Ereignisse bilden einen Einschnitt in der Zeit. Sie teilen die Zeit in ein Vorher und Nachher. Manchmal verändern solche Ereignisse die Welt – denken Sie an den 11. September.

Mit Kontingenz zu rechnen heißt nicht, immer nur vom schlimmstmöglichen Szenario auszugehen. Aber es heißt eben, mit Ungewissheit zu leben. Wir können uns durchaus bemühen, mit Kontingenzen besser zurechtzukommen. In gewisser Weise hängt unser Erfolg im Leben davon ab, dass wir uns auf Kontingenzen einstellen. Aus diesem Grund gehen Menschen zu Vorsorgeuntersuchungen oder schließen Versicherungen ab.

Auf Kontingenz kann man sich einstellen, bis zu einem gewissen Grade kann man mit ihr rechnen. Man kann »zur Sicherheit« mehr Geld mitnehmen, als man tatsächlich braucht, um sich im Notfall ein Taxi leisten zu können. Analog können Sie Ihre Termine so planen, dass immer noch etwas »Luft« bleibt für Unvorhergesehenes. Man kann Projekte von vornherein »kontingenzbewusst« planen, also damit rechnen, dass im Verlauf des Projektes auch Dinge schiefgehen können.

Stellen Sie sich vor, Sie packen einen Koffer. Natürlich können Sie den Koffer vollstopfen mit allem möglichen Zeug, den verfügbaren Platz ausschöpfen bis in den letzten Winkel. Als Reisender mit Voraussicht können Sie aber auch etwas Luft lassen, für den Fall, dass Sie an Ihrem Urlaubsort etwas einkaufen wollen. Wer einigermaßen klug plant, macht es mit seinen Terminen und To-dos ähnlich – man lässt eben etwas »Luft« dazwischen. Das ganz praktische Problem ist nicht nur, dass man im Vorhinein nicht weiß, wie viel »Luft« man braucht. Auch der »Zeitkoffer« selbst kann, im Unterschied zum physischen Koffer, plötzlich kleiner werden.

Viele Projekte scheitern bekanntlich an übertriebenem Optimismus der Planer, in der Psychologie spricht man vom »Planungsfehlschluss«. Auch das hat zu tun mit Kontingenz. Es kann eben immer etwas »dazwischenkommen«. Schon die stoische Lebenskunst empfahl in ihrer Handlungslehre eine Vorsichtsregel: Es können immer widrige Umstände eintreten, die uns daran hindern, ein Ziel zu erreichen. Die Griechen nannten das allerdings nicht Zufall, sondern Schicksal.

Das Unvorhergesehene einplanen

Kontingenz bedeutet Ungewissheit. In vielen Fällen ist es daher besser, Dinge früher als später zu tun. Denn je mehr Zeit wir uns lassen, desto größer ist das Risiko, dass irgendetwas uns daran hindert, es überhaupt zu tun. Es muss zwar nicht schlecht sein, Dinge hinauszuschieben. So könnte man einfach auf einen günstigeren Zeitpunkt warten, um eine bestimmte Tätigkeit zu erledigen. Aber wer alles immer weiter aufschiebt, um es womöglich »im letzten Moment« zu erledigen, der kommt nicht nur unter enormen Druck, sondern läuft eben auch Gefahr, dass »im letzten Moment« noch etwas dazwischenkommt.

Kontingenz ist eine zentrale zeitliche Erfahrung. Wir können nicht einfach nur im Jetzt leben, wir sind auf eine kontingente Zukunft gerichtet. Wir können nie alle zukünftigen Risiken ausschließen. Zwar können wir Risiken rational einschätzen und gegeneinander abwägen. Aber die Kontinenz können wir nie ganz aus der Welt schaffen.

Sich auf eine Frist einzustellen erfordert also, einerseits ein Gefühl für die »rechte Zeit« zu entwickeln – und gleichzeitig damit zu rechnen, dass die »rechte« Zeit niemals kommt. Kontingenzbewusstsein bedeutet zum Beispiel, vorsichtig mit Versprechungen zu sein. Jedes Versprechen ist bereits eine Handlung; die Äußerung selbst schafft schon den Sachverhalt, den sie beschreibt. Mit einem Versprechen legen wir uns fest. Wenn wir etwas versprechen, dann steht es uns nicht mehr frei, etwas anderes zu tun.

In diesem Sinne schließt ein Versprechen die Kontingenz des Beliebigen aus. Wenn Sie versprochen haben, einer Einladung zu folgen, dann müssen Sie eben tatsächlich kommen. Natürlich kann es Gründe geben, ein Versprechen zu brechen – aber nicht den, dass man es sich »kontingenterweise« anders überlegt hat. Nun kann aber natürlich immer etwas Schicksalhaftes dazwischenkommen, was mich daran hindert, ein Versprechen zu halten: der Ausfall eines Verkehrsmittels, eine Krankheit, ein Trauerfall in der Familie.

Werte reduzieren Kontingenz. Wenn ich weiß, was mir wichtig ist, dann kommen bestimmte Optionen eben nicht in Betracht. Gewohnheiten spielen dabei eine zentrale Rolle. Wenn ich jeden Tag um 6 Uhr aufstehe und laufen gehe, dann muss ich mir nicht jeden Morgen aufs Neue überlegen, was ich eventuell sonst tun könnte. Die anderen Optionen sind eben ausgeschlossen. Die Kontingenz des Beliebigen wird dann zum Problem, wenn es keine Vorgaben gibt, die den Raum des Möglichen einschränken.

Aber auch unsere Werte selbst hängen ab von Kontingenzen. Sport kann mir sehr wichtig sein, solange ich gesund und fit bin. Aber wenn ich plötzlich nicht mehr laufen kann, dann werden andere Dinge in den Vordergrund treten. Werte können sich im Laufe des Lebens ändern.

Werte sind Werte, meinte der amerikanische Philosoph John Dewey (1859–1952). Über Werte an sich können wir gar nichts aussagen. Wir können nur etwas sagen über die Gründe, warum wir etwas wertschätzen – und was die Konsequenzen davon sind. So können wir die Erfahrung machen, dass etwas für uns doch nicht den Wert hat, den wir ihm ursprünglich zugeschrieben haben. Unsere Werte seien »instabil wie die Form von Wolken«, schrieb Dewey.

Unsere Werte selbst sind also kontingent, sie können sich verändern, wenn wir selbst oder die Umstände sich verändern. Werte sind weder subjektiv noch objektiv, sie entstehen aus unseren sozialen Interaktionen mit anderen und unterliegen zeitlichem Wandel. So kann mir etwa gutes Essen im Laufe meines Lebens immer wichtiger werden, etwa weil ich kulinarisch versierte Freunde habe, meine Frau mich zum Kochen motiviert und so weiter. Und jeder weiß, wie sehr sich Werte verändern können, wenn man plötzlich Kinder hat. Werte sind aus meiner Sicht nichts, was wir ein für alle Mal festlegen. Sie verändern sich durch neue Erfahrungen, die wiederum Zeit brauchen.

Der Wert meiner heutigen Optionen hängt auch von meiner Gewissheit ab, dass mir diese Optionen auch in Zukunft noch zur Verfügung stehen werden. Sie könnten sich etwa überlegen, sich ein bestimmtes zeitintensives Hobby zuzulegen. Wenn Sie allerdings fürchten müssen, dass in naher Zukunft Lebensumstände eintreten, die Sie daran hindern, dieses Hobby tatsächlich auszuüben, werden Sie gar nicht erst damit anfangen.

Auch die Kontingenz von Werten ist etwas, worauf wir uns bis zu einem gewissen Grade einstellen können. Wenn ich heute glaube, dass mir in Zukunft andere Dinge wichtig sein werden, dann gebietet es die Klugheit, heute schon dafür Sorge zu tragen, dass ich diese Werte später tatsächlich verfolgen kann. Das ist auch dann klug, wenn Sie es sich später wieder anders überlegen.

Das Kontingenzdenken hat jedoch seine Grenzen. Wir können schlicht kein halbwegs konsistentes Leben führen, wenn wir ständig davon ausgehen, dass im nächsten Moment alles anders ist. Bis zu einem gewissen Grade können wir so tun, als wären die Dinge vorhersehbar. Ich nenne das einen Als-ob-Umgang mit der Zeit: Wenn die Dinge so laufen, wie sie normalerweise laufen, dann werde ich X tun. In vielen Fällen hilft es, einfach so zu tun, als hätten wir die Dinge im Griff.

Wenn wir zum Beispiel mit anderen Menschen zu tun haben, wissen wir nie mit letzter Sicherheit, was der jeweils andere tun wird; der Soziologe Niklas Luhmann nannte dieses Phänomen »doppelte Kontingenz«. Vertrauen hilft, mit dieser Ungewissheit zurechtzukommen. »Wer Vertrauen erweist, nimmt Zukunft vorweg. Er handelt so, als ob er der Zukunft sicher wäre.« Wenn ich jemandem vertraue, dann gehe ich einfach davon aus, dass er mir nicht schaden wird. Damit stelle ich mich allerdings der Möglichkeit, dass er mir sehr wohl schaden könnte. Wer jemandem vertraut, stellt sich der Kontingenz, sagt Luhmann.

Schicksalhafte Kontingenzen können wir nicht eliminieren. Manche Dinge passieren eben – »shit happens«. Aber wir können diese Kontingenzen in etwas transformieren, was eine Bedeutung, einen Wert für uns hat. Zufälle lenken die Dinge in eine andere Richtung. Eine Situation verändert sich plötzlich, es ergeben sich ganz neue Möglichkeiten. Kontingenzen bringen uns von einem Weg ab – und eröffnen uns womöglich neue Wege. Eine Tür geht zu, dafür gehen andere auf. Wir können uns nicht nur auf zukünftige Kontingenzen einstellen, sondern auch vergangene Kontingenzen transformieren. Kontingenz ist Fremdzeit, die wir in Eigenzeit verwandeln können. Kontingenz ist nicht Schicksal, sondern Freiheit.

Kontingenz ist Fremdzeit, die wir in Eigenzeit verwandeln können.

Stellen Sie sich vor, Sie hätten eine Art »Kontingenz-Eliminator«: eine fiktive Maschine, mit der sie jegliche Kontingenz ausschalten könnten. Alles in Ihrem Leben würde so verlaufen, wie Sie es geplant haben. Das wäre ein ziemlich langweiliges Leben. Man käme nie über seine Pläne hinaus, es gäbe keine Überraschungen, keine neuen Impulse.

Mit Kontingenz zu rechnen heißt, die Unendlichkeit der Möglichkeiten anzuerkennen. Unsere Zukunft ist eben offen, jede Situation neu. Da wir Kontingenzen nicht aus unserem Leben eliminieren können, müssen wir versuchen, mit ihnen zu leben – und die Möglichkeiten nutzen, die sich daraus ergeben.

Zeitchancen erkennen

Der Zug nach Berlin ist wieder mal verspätet; Sie können nichts daran ändern. Vielleicht fluchen Sie jetzt und denken: Die Bahn stiehlt mir meine Zeit. Zunächst einmal verlieren Sie Zeit. Die Bahn-Zeit überrollt gleichsam Ihre Eigenzeit. Ihren Termin werden Sie verpassen, dagegen können Sie nichts tun. Aber Sie können versuchen, die ungeplante Wartezeit sinnvoll zu nutzen, vielleicht ein Buch lesen oder Textnachrichten an Ihren Partner schreiben. Plötzlich rückt die Fremdzeit, also die Verspätung, in den Hintergrund. Ihre Eigenzeit meldet sich zurück.

Kontingenzbewusstsein erfordert mehr, als bloß einen »Plan B« zu haben. Um Kontingenzen auszuhalten, müssen wir die Zeit anders leben. Kontingenzbewusst zu leben, das heißt, nicht alles auf Pläne zu setzen – weder auf Plan A noch auf Plan B oder Plan C.

Schon der preußische General Carl von Clausewitz (1780–1831) wusste, dass man Kriege nicht planen kann. Was immer die Strategen auf dem Reißbrett entwerfen, die Realität sieht anders aus: »Es ist im Kriege alles sehr einfach, aber das Einfachste ist schwierig.« Die Einsichten von Clausewitz über den Krieg haben heute Eingang in die Management- und Führungsliteratur gefunden. Denn sie lehren uns etwas über eine Paradoxie des menschlichen Handelns: Ständig müssen wir Pläne machen, obwohl wir eigentlich wissen, dass womöglich alles anders kommt.

Es reicht nicht, einen Plan zu haben – man muss ihn eben auch realisieren. Und auf dem Weg dorthin kann vieles passieren: Der Plan kann sich nicht nur als unbrauchbar erweisen; auch die Ziele selbst können sich ändern. Die Zeit bis zur Realisierung des Ziels ist grundsätzlich offen; darin bestehen die Grenzen jedes Zeitmanagements, das sich an starren Zielvorgaben orientiert.

So können wir nicht genau vorhersagen, welche Wirkung ein bestimmtes Mittel in der Zukunft hat. Es können unvorhergesehene Umstände eintreten, durch die das gewählte Mittel wirkungslos wird: Obwohl man aus heutiger Sicht alles richtig gemacht hat, erweist es sich als falsch. Aber wenn das so ist: Wie können wir dann entscheiden, welches Mittel das richtige ist? Und können wir unter diesen Umständen überhaupt einen bestimmten Plan verfolgen?

Angenommen, Sie wollen ein bestimmtes berufliches Projekt realisieren. Natürlich wissen Sie genau, was dafür zu tun ist. Also erstellen Sie einen detaillierten Zeitplan mit sämtlichen Umsetzungsschritten, Sie halten Meetings ab, verteilen Aufgaben und so weiter. Aber nun kommt es zu einer unerwarteten zeitlichen Verzögerung, die alles über den Haufen wirft. Also kommen Sie zu dem Schluss, dass Sie Ihren ursprünglichen Plan korrigieren müssen, und erstellen einen neuen Plan, der natürlich wieder platzen kann. Das bedeutet nicht zwangsläufig, dass der Plan selbst schlecht oder zu optimistisch war. Es heißt nur, dass er nicht »funktioniert« hat. Trotz aller Bemühungen haben sich die Dinge nicht so entwickelt, wie Sie sich das vorgestellt haben.

Offen zu sein für Kontingenz heißt nicht, überhaupt keine Pläne mehr zu machen und die Dinge einfach auf sich zukommen zu lassen. Es heißt vielmehr, sich flexibel auf Kontingenzen einzustellen, sie als Chance zu begreifen und nicht bloß als unerwartetes Hindernis, das plötzlich einen wohldurchdachten Plan über den Haufen wirft. Mit Kontingenzen umgehen können wir allerdings nur, wenn wir die nötige »Bandbreite« haben, also die Fähigkeit, neue Informationen zu verarbeiten.

Die Griechen kannten neben der Klugheit *(phrónesis)* auch eine andere, flexiblere Form von Intelligenz, die sie *metís* nannten. Darunter verstanden sie eine Art Schläue oder Gerissenheit, also die Fähigkeit, sich an die jeweiligen Umstände anzupassen, aus einer gegebenen Situation das Beste herauszuholen. Als Personifikation der *metís* galt der griechische Held Odysseus, der sich auf seiner Irrfahrt mit allen möglichen Tricks durchschlug.

Statt einen wohlüberlegten Plan zu verfolgen, nutzte er die Handlungsoptionen, die sich ihm in der jeweiligen Situation boten. Homer nennt ihn deshalb *polymetís* (listenreich) und *polýtropos* (vielgestaltig, anpassungsfähig). Doch diese Form der situativen Intelligenz, so meint der französische Philosoph und Sinologe François Jullien, hat sich im europäischen Denken nicht durchgesetzt. Statt auf Geschmeidigkeit und Anpassung an die jeweiligen Umstände setzen wir bis heute lieber auf rationale Planung, also auf das »teleologische« Modell. Einen ganz anderen Weg zeigt uns nach Julliens Interpretation – die unter Sinologen allerdings umstritten ist – die chinesische Philosophie.

Wenn wir uns auf Kontingenzen einlassen, wird Zeitpech zu Zeitpotenzial.

Das chinesische Denken geht nicht vom Ich-Subjekt aus, das bestimmte Ziele verfolgt. Es setzt vielmehr bei der jeweiligen Situation an, bei den Möglichkeiten, die sich daraus ergeben. Eine Wirkung erzielen wir nicht, indem wir einen vorgefassten Plan umsetzen, sondern indem wir das »Situationspotenzial« *(shi)* nutzen, also die jeweiligen Umstände für uns arbeiten lassen. Nicht das handelnde Ich erreicht etwas. Es ist die Situation selbst, aus der die Wirkung hervorgeht.

So betrachtet stellen sich Kontingenzen ganz anders dar. Was uns schlicht als »Pech« erscheint, wird zu einem Potenzial, das seine eigene Kraft entwickelt. Statt sich stur an einen Plan zu

halten, bewertet man die jeweilige Situation. Für unsere westlichen Denkgewohnheiten ist das zunächst schwer zu fassen.
Zumeist denken wir in Zweck-Mittel-Relationen. Wir legen ein
bestimmtes Ziel fest, dann wählen wir das am besten geeignete
Mittel, um dieses Ziel zu erreichen. Dahinter steht die modell-
hafte Vorstellung, dass unser Handeln einen bestimmten kausalen
Effekt hat: Wenn wir A tun, dann tritt (zumindest wahrschein-
lich) die Wirkung B ein.

Unsere westliche Vorstellung ist geprägt vom Bild des zupackenden, heroischen Akteurs, der sich den jeweiligen Umständen entgegenstellt, der Probleme löst und die Welt nach
seinem Willen formt. Der »Manager«, der »Macher« beruht
letztlich auf dem tief in unserer westlichen Kultur verwurzelten
Paradigma des handelnden Subjekts. Das chinesische Denken
hingegen, so meint François Jullien, misstraut dem »heroischen«
Handeln grundsätzlich, weil es oft nur eine Pseudowirkung hat.
Man muss dabei nur an den Aktionismus mancher Führungskräfte denken, die ständig »busy« sind und von einem Termin
zum nächsten rennen – und dabei die wirklich wichtigen Dinge
aus den Augen verlieren.

Selbst der beste Plan kann an unvorhersehbaren Umständen scheitern. Die ebenso schlichte wie wichtige Einsicht lautet:
Wir können die Wirkung unseres Handelns nicht erzwingen.
Handeln greift immer punktuell ein, es ist ort- und zeitgebun-
den, darin liegt seine Schwäche. Zugleich aber liegt in jeder
Situation ein gewisses Potenzial, das wir uns zunutze machen
können. Aus chinesischer Sicht geht es darum, die Umstände
so zu beeinflussen, dass sie von sich aus eine günstige Wirkung
entfalten können. Der chinesische Philosoph Laozi (vermutlich
604–531 v. Chr.) spricht im *Daodejing* vom »Nicht-Handeln«

(wu wei). Dieses »Nicht-Handeln« ist jedoch nicht zu verwechseln mit Passivität oder gar Trägheit.

Nicht-handeln heißt vielmehr, auf einen Plan zu verzichten, die Dinge nicht zu »erzwingen«, sondern sie »geschehen« zu lassen – also »zu handeln, ohne zu handeln« *(wu wei)*. Der chinesische Weise denkt dabei prozesshaft, nicht punktuell. Im Mittelpunkt steht nicht die Handlung, sondern die Wandlung, die Transformation von Prozessen, sodass sie eine vorteilhafte Wirkung entfalten. Man lässt also einen Prozess laufen, ohne ihn loszulassen. Der konfuzianische Meister Mengzi (ca. 372–289 v. Chr.) erläutert das metaphorisch am Beispiel einer Pflanze. Man kann eine Pflanze nicht zum Wachsen zwingen. Doch man kann ihr Wachstum fördern, indem man etwa Unkraut am Boden jätet – und sie damit wachsen *lässt*.

Aus dieser Perspektive kann man ein Projekt eben auch anders angehen als mit detaillierten Zeitplänen und To-do-Listen, indem man etwa, analog zum Jäten des Unkrauts bei Mengzi, alle Hemmnisse beseitigt, die dem erfolgreichen Verlauf des Projekts entgegenstehen. Das erfordert allerdings, die »heroische« Haltung ein Stück weit aufzugeben.

Wir müssen mit Kontingenz leben, mit dem Unberechenbaren und Unvorhersehbaren. Wir können die Zeit nicht beherrschen. Aber wir können uns auf sie immer wieder neu einstellen, sie transformieren, aus ihr etwas machen – und damit Fremdzeit in Eigenzeit verwandeln. In jeder Kontingenz, selbst im blinden Zufall, liegt ein Potenzial, das wir nutzen können. Dazu müssen wir die Zeit prozesshaft denken, als eine Dauer, die sich entwickelt und reift. Die Zeit können wir nicht planen, wir können sie nur leben.

Zeitdiebe

Fremdzeit ist überall – in der Arbeit wie in der Freizeit. Wir können ihr nicht entrinnen. Ständig stellen Menschen, Dinge oder Ereignisse zeitliche Ansprüche an uns. Das können unvorhergesehene Wartezeiten sein, etwa eine Schlange im Supermarkt oder ein verspäteter Termin. Wir können über unsere Zeit nicht so frei verfügen, wie wir es gerne würden. Überall sind wir konfrontiert mit Widerständen und Verzögerungen. Wie also umgehen mit diesem Eindringen der Fremdzeit in unser Leben?

Angriffe auf die Eigenzeit

Wer über die Zeit anderer verfügen kann, der hat die Macht. Arbeitgeber können Mitarbeiter dazu bringen, zu einem bestimmten Zeitpunkt an einem bestimmten Ort zu erscheinen, innerhalb einer bestimmten Zeitspanne eine bestimmte Tätigkeit auszuführen. Das beruht zwar meist auf gegenseitigem Einverständnis, aber oft verfügen andere auch über unsere Zeit, ohne dass wir damit einverstanden wären. Zeitdiebe nenne ich Menschen, die keine Rücksicht auf die Zeit anderer nehmen. Jeder kennt zum Beispiel Leute, die einen stundenlang mit irgendwelchen Belanglosigkeiten belästigen. Damit zwingen sie uns, Zeit verstreichen zu lassen, und Angriffe auf unsere Eigenzeit sind immer auch Angriffe auf unsere gelebte Zeit.

Sobald wir mit anderen Menschen interagieren, sind wir mit deren Zeitansprüchen konfrontiert. Sehr oft erleben wir die Eigenzeit anderer als Fremdzeit – als eine Einschränkung unserer Zeit, die wir uns nicht selbst ausgesucht haben.

Die digitalen Technologien zum Beispiel ermöglichen es heute, die Zeit anderer in vielfältiger Weise zu beanspruchen. Nehmen wir etwa soziale Medien wie Facebook oder Twitter. Genau genommen beanspruchen soziale Medien nicht nur Zeit, sondern vor allem Aufmerksamkeit. Nachrichten, Tweets oder Posts müssen gelesen oder wenigstens zur Kenntnis genommen werden. Natürlich kann man all das ignorieren. Aber dann hat es auch keinen Sinn, auf Facebook oder anderen Plattformen zu sein. Ich selbst poste zum Beispiel sehr wenig auf Facebook, und das nicht nur zum Schutz meiner Privatsphäre. Es ist mir einfach zu zeitaufwendig, mich an Facebook-Diskussionen zu beteiligen. Es ist schon anstrengend genug, laufend die Posts anderer Leute zu verfolgen.

> Wenn andere uns ihren Fokus aufzwingen, leidet darunter unsere Eigenzeit und die Fremdzeit übernimmt.

Gleichwohl können wir uns der Fremdzeit auch im Netz nicht entziehen. Als soziale Wesen leben wir eben nicht nur in unserer eigenen Zeitkapsel.

Gelebte Zeit ist kein Abstraktum, kein gleichförmiges Medium, in dem wir uns alle bewegen wie die Fische im Wasser. Gelebte Zeit ist das Produkt von menschlichen Tätigkeiten, von Sinnzuschreibungen. Was für mich zwei Stunden sind, das sind für Sie zwei Stunden nur insofern, als wir beide darunter ein bestimmtes Vorrücken der Zeiger auf unseren Uhren verstehen. Aber tatsächlich sind meine zwei Stunden etwas ganz anderes als Ihre zwei Stunden – und zwar auch dann, wenn wir beide gerade das Gleiche tun. Nehmen wir etwa die Zeit, die Fahrgäste in einem Zug verbringen. Sie alle sind zur gleichen Zeit am gleichen Ort. Aber für den einen bedeuten die zwei Stunden ungestörte Arbeitszeit, für den anderen Gesprächszeit – und für den Dritten einfach nur

Schlafzeit. Jeder von uns nutzt die Zeit auf seine eigene Weise, jeder erlebt sie anders, dem einen vergeht die Zeit schnell, dem anderen viel zu langsam. Unsere Eigenzeit ist höchst individuell, subjektiv und privat. Sie hat etwas mit unserem Selbst zu tun. Die Eigenzeit der anderen können wir nicht direkt erleben, weil wir in den anderen nicht hineinschauen können.

Eigenzeiten zwischen Menschen liegen immer in einem potenziellen Konflikt. Das Geheimnis jeder Kooperation liegt darin, dass wir offenbar in der Lage sind, unsere Eigenzeit mit der von anderen zumindest in bestimmten Hinsichten zu koordinieren. Wir können uns zum Beispiel darauf einigen, die nächsten zwei Stunden in einer gemeinsamen Sitzung zu verbringen, um eine bestimmte Entscheidung zu diskutieren. Im Hinblick auf die Sitzung laufen unsere Eigenzeiten zumindest so lange synchron, als keiner plötzlich aufspringt, weil ihm das Meeting zu lange dauert. Das heißt natürlich nicht, dass wir die zweistündige Sitzung auch gleich erleben. Aber stellen Sie sich vor, es wäre zwischen Menschen nicht möglich, überhaupt solche zeitlichen Vereinbarungen zu schließen. Wir könnten überhaupt nicht zusammenarbeiten. Es bliebe womöglich sogar unverständlich, was Zusammenarbeit überhaupt heißt.

Keine zwei Menschen haben je die gleiche Eigenzeit. Wie wir sie mit anderen besser koordinieren, lässt sich aber lernen.

Konflikte zwischen Eigenzeit und Fremdzeit treten nicht nur dort auf, wo es Abstimmungsprobleme gibt. Der Konflikt ist auch einer des subjektiven Erlebens und der Sinnzuschreibung. Wenn »zwei Stunden« für mich sinnvolle Tätigkeit bedeuten, für Sie aber reine Unterhaltung, dann haben wir ein Problem. Aus einem analogen Grund wird ein Gespräch zwischen Menschen nicht gelingen, wenn nur der eine aufmerksam zuhört. Zeitdiebe stehlen uns daher nicht einfach nur Zeit.

Fremdzeit kann auf subtile Weise in unsere Eigenzeit eindringen, etwa weil uns andere mit bestimmten Problemen belasten, die uns dann gedanklich nicht mehr loslassen.

In unserer Kultur betrachten wir Zeit oft vereinfacht als eine Ressource. Ganz nach dem Motto »Zeit ist Geld«. Man hat eine bestimmte Menge Zeit zur Verfügung. Wir haben für eine Tätigkeit drei Stunden gebraucht. Jemand hat seine Zeit verschwendet. Wie jede Ressource hat die Zeit einen bestimmten Wert. Man kann sie nutzen, investieren, sparen, aufbrauchen – und sogar stehlen.

Zeitverschwendung bedeutet, mit der eigenen Zeit leichtsinnig und allzu großzügig umzugehen. Es gibt unterschiedliche Formen von Zeitverschwendung. So kann man seine Zeit im Hinblick auf eine Aufgabe verschwenden, indem man sich einfach zu viel »Zeit lässt«, seine Zeit also vertrödelt. Wer unmittelbar vor einer Deadline steht, muss sich eben auf die Aufgabe konzentrieren. Meist aber verstehen wir Zeitverschwendung in einem umfassenderen Sinn.

Wir verschwenden unsere Zeit dann, wenn wir sie für »sinnlose« Dinge verwenden. Was uns sinnlos erscheint oder nicht, hängt von unseren Werten ab. Für den einen mag Laufen reine Zeitverschwendung sein, für den anderen ein Büromeeting. Aus stoischer Sicht sollten wir unsere Zeit nicht für »gleichgültige« Dinge verwenden, also für solche, die wir ohnehin nicht beeinflussen können. Oft verschwenden wir unsere Zeit, weil wir denken, dass wir ohnehin genug davon haben. Der Stoiker Seneca schrieb: »Könnte einem jeden die Zahl seiner künftigen Jahre ebenso genau vorgerechnet werden wie die vergangenen, wie würden diejenigen, die nur noch wenige Jahre in Aussicht hätten, zittern, wie sparsam würden sie mit diesen wenigen umgehen.«

Manchmal verschwenden wir Zeit aus Gedankenlosigkeit. Es ist uns einfach nicht in jedem Moment bewusst, dass unsere Zeit einen Wert hat – dass wir letztlich unser Leben verschwenden, wenn wir mit unserer Zeit sorglos umgehen. Seine Zeit »sinnvoll« zu verwenden, das jedoch erfordert Kraft. Wir müssen unsere Aufmerksamkeit auf etwas richten. Manchmal verschwenden wir Zeit aber auch, weil wir schlecht planen oder schlicht unaufmerksam sind.

Verschwenden kann man nur die Zeit, über die man selbst frei verfügen kann. Oft verschwenden aber auch andere unsere Zeit. Unter Zeitdiebstahl verstehe ich, die Zeit eines anderen in Anspruch zu nehmen, ohne dafür gute Gründe zu haben. Wer über die Zeit eines anderen verfügt, kann dem anderen seinen Willen aufnötigen, ihn zu etwas bringen, was er sonst nicht tun würde. Jemandem die Zeit zu stehlen heißt, seine Selbstbestimmung einzuschränken. In gewisser Weise gehört Zeitdiebstahl zu unserem alltäglichen Leben. Als soziale Wesen sind wir ständig mit anderen konfrontiert, die irgendwelche zeitlichen Ansprüche an uns stellen. Ein Vorgesetzter teilt einem Mitarbeiter eine bestimmte Aufgabe zu, die innerhalb einer bestimmten Zeit erledigt werden muss.

Etwas tun zu müssen heißt streng genommen, dass es dazu keine Alternative gibt. Was wir tun müssen, steht in Beziehung zu unseren Wünschen und Zielen. Sicher müssen wir die Blumen gießen, damit sie nicht kaputtgehen.

Manchmal kommen wir allerdings nicht umhin, etwas Bestimmtes zu tun. Wir sind eine Verpflichtung eingegangen. Wir sind in unserem Handeln gebunden, ob uns das passt oder nicht. Jemand erwartet etwas von uns, und wenn wir die Erwartung enttäuschen, drohen Sanktionen. Verpflichtungen halten die Gesellschaft zusammen. Sie sorgen dafür, dass wir uns auf andere verlassen können. Aber Verpflichtungen kosten eben auch Zeit. Verpflichtungen können uns belasten, überfordern, ja zerreißen. Sie schränken unsere Freiheit, unsere Selbstbestimmung ein.

Wenn ich mich zu etwas verpflichte, dann muss ich es eben tun. Das bedeutet aber auch, dass ich zur gleichen Zeit nichts anderes tun kann. Das klingt ziemlich banal, hat aber erhebliche Konsequenzen für unseren Umgang mit der Zeit. Ein Teil unserer Zeit ist fremdbestimmt. Andere Menschen, Organisationen oder Dinge verfügen über unsere Zeit. Das ist so alltäglich, dass wir kaum darüber nachdenken, solange wir den Zeitverlust nicht bemerken. Eine rote Verkehrsampel empfinden wir spätestens dann als Einschränkung, wenn wir es eilig haben.

Jemandem die Zeit stehlen, darunter verstehen wir im Allgemeinen, dass uns jemand daran hindert, etwas Wichtiges zu tun, ein bestimmtes Ziel zu erreichen. Dahinter steht die Vorstellung, dass unsere Zeit knapp bemessen ist, nicht nur im Hinblick auf eine bestimmte Aufgabe, sondern auf das Leben überhaupt. Wenn wir unendlich viel Zeit hätten, dann könnten wir auch beliebig viel davon verschwenden – wir hätten ja immer noch Zeit genug. Wir sind aber endliche Wesen. Wir können unsere Aufmerksamkeit nicht auf alles richten. Zeitdiebstahl ist daher immer eine Form der Missachtung, der Respektlosigkeit, vor der wir uns möglichst schützen müssen.

Mit Zeitdieben rechnen

Eine besondere Form von Respektlosigkeit ist Unpünktlichkeit. Der Unpünktliche zwingt den anderen dazu zu warten, er verfügt damit über unsere Zeit, zwingt uns seinen Willen auf. Damit erlangt er Macht über einen Teil unseres Lebens. Schon deshalb sind Uhren eine zutiefst soziale Technologie. Sie erlauben es nämlich, unsere Aktivitäten zu koordinieren. Wenn man sich für 19 Uhr verabredet, dann können beide erwarten, dass der andere auch tatsächlich um 19 Uhr kommt und nicht etwa um 19 Uhr 30.

Wenn eine bestimmte Zeit vereinbart ist, dann verlassen wir uns darauf. Der Unpünktliche maßt sich also das Recht an, diese Vereinbarung einseitig zu brechen; er erklärt seine Eigenzeit damit für wichtiger als die des anderen. Wenn alle unpünktlich wären, hätten genaue zeitliche Verabredungen überhaupt keinen Sinn.

Zwar verabreden wir uns zu einer bestimmten Uhrzeit. Aber eigentlich geht es darum, unsere Eigenzeiten aufeinander abzustimmen. Es ist nicht nur unhöflich, zu spät zu kommen. Es ist auch ein Eingriff in die Eigenzeit des anderen, insofern ist es respektlos. Indem man den anderen warten lässt, erzeugt man einen asynchronen Zustand. Eigentlich wollte man die Zeit gemeinsam verbringen. Doch nun klaffen die beiden Eigenzeiten auseinander.

> **Wer seine Eigenzeit schützen will, muss lernen, respektvoll mit der Eigenzeit anderer umzugehen.**

Man kann sich vor Zeitdieben schützen. So können wir versuchen, unsere Zeit so zu planen, dass uns Zeitdiebe nicht so leicht behelligen können. Ich selbst versuche zum Beispiel, bestimmte wichtige Dinge frühmorgens zu tun, solange keine Mails eintreffen.

Wir instrumentalisieren die Zeit. Alles muss einen Zweck haben – und sei es nur den der Erholung. Das Nichtstun, der Müßiggang, gilt oft als verschwendete Zeit. Die extremste Form der Zeitverschwendung ist aber oft nicht das Nichtstun, sondern der blinde Aktionismus.

Ein Paradoxon im Umgang mit der Zeit besteht darin, dass wir auch Zeit »verschwenden« müssen, um am Ende Zeit zu »gewinnen« – nämlich wertvolle, erfüllte Zeit, die uns im Leben weiterbringt. Manchmal müssen wir die Zeit einfach leben, ohne sie einem bestimmten Zweck zu unterwerfen. Das heißt aber nicht, die Zeit einfach nur sinnlos zu vergeuden.

Seine Zeit zu leben, das bedeutet auch, sich Zeit zu »lassen« – oder sogar Zeit zu »schenken«, statt sie möglichst effektiv zu »nutzen«. Seine Zeit schenken kann man anderen Menschen, aber auch sich selbst. Was ein Geschenk ausmacht, das ist, dass es keine Gegenleistung verlangt. Ein Geschenk betrachten wir aber auch nicht als Verschwendung. Was für materielle Geschenke gilt, das gilt auch für die Zeit. Geschenkte Zeit ist keine verlorene Zeit. Sie öffnet Möglichkeiten und Spielräume für das Ungeplante – für eine unverhoffte Begegnung, für einen plötzlichen Gedanken oder einfach nur einen Moment der Innerlichkeit.

Manchmal leben wir unsere Zeit am besten, indem wir im richtigen Rhythmus nichts tun.

Geschenkte Zeit ist ungeplante Zeit. Man vertieft sich in ein Gespräch, man gibt sich einer Stimmung oder einem Gefühl hin, ohne an ein bestimmtes Ziel zu denken. Geschenkte Zeit ist gleichsam reine Eigenzeit, die anderen oder uns selbst zur Verfügung steht. Nicht nur erfüllte Zeit hat einen Wert. Auch dem »Nichtstun« können wir einen Wert verleihen. Auch das Nichtstun ist nicht einfach nur »leere Zeit«, sondern ein Teil der Zeit, die wir leben – wie eine Pause zu einem Musikstück gehört. Die vermeintlich leere Zeit fügt sich in den Rhythmus unseres Lebens. Wir können nicht immer nur tätig sein. Seine Zeit zu leben, das heißt auch, gelegentlich einfach gar nichts zu tun – oder besser: einfach zu leben.

Es gibt eine moralische Verantwortung, anderen nicht mutwillig die Zeit zu stehlen. Das Problem ist nur, dass wir uns ständig in Strukturen bewegen, die geradezu auf Zeitverschwendung angelegt sind. Man denke nur an die oft lähmend langsamen Entscheidungsprozesse in größeren Unternehmen, in denen hoher Abstimmungsbedarf besteht. Wer in einer Mail »cc« gesetzt wird, muss sie oft auch dann lesen, wenn das eigentlich unnötig ist.

Nicht immer können wir uns vor Zeitdieben schützen. Aber wir können versuchen, strategisch mit Zeitdiebstahl umzugehen, indem wir damit rechnen – und unsere Zeit entsprechend planen. Beispielsweise kann man wichtige Tätigkeiten, die keine Störung vertragen, auf eine Zeit legen, in der solche Störungen unwahrscheinlich sind. Da die Zeitdiebe fast überall sind, müssen wir lernen, mit ihnen zu leben.

Wie wir unsere Zeit leben, dafür sind wir letztlich selbst verantwortlich. Wir sollten nicht immer nur darüber klagen, dass uns andere die Zeit stehlen.

Fremdzeit wird dann zum Problem, wenn sie unsere Eigenzeit zu beherrschen beginnt. Wenn »alles zu viel« wird, wenn wir nicht mehr wissen, wie wir den zeitlichen Anforderungen genügen können. In solchen Situationen fangen wir an zu jonglieren. Wir versuchen, alle Bälle gleichzeitig in der Luft zu halten. Eine Mail kann man auch »später« beantworten, die andere vielleicht morgen oder übermorgen – oder irgendwann. Das ist der sichere Weg in den Kontrollverlust. Am Ende können wir auch die wichtigen Dinge nicht mehr tun, weil es immer noch andere Prioritäten gibt.

Zeitdiebstahl als Chance

Wir brauchen eine andere Sicht auf die Zeitdiebe. Jeder Zeitdiebstahl bietet auch eine Chance, jede Störung hat ein Potenzial, das wir erkennen und nutzen können. Dazu muss man manchmal einen Schritt zurücktreten und überlegen. Man muss sich nicht mit allem beschäftigen. Vor allem muss man nicht jedes Problem selbst lösen. Es geht darum, eine aktive Haltung zu entwickeln, also Störungen nicht bloß als Angriff zu sehen, dem man machtlos gegenübersteht. Aus einer Störung kann sich eine Gelegenheit ergeben – vielleicht nicht jetzt, aber später. Ein wertvoller Kontakt zum Beispiel. Eine Information, die sich einmal als nützlich erweist.

Jedes Eindringen von Fremdzeit ist auch eine Möglichkeit zu lernen, die eigenen Fähigkeiten zu trainieren. Nehmen wir nur das lästige Beantworten von Mails. Man kann es sich zur Regel machen, Mails innerhalb einer bestimmten Zeit zu beantworten, vielleicht in einer bestimmten Form, die man selbst festlegt. Zum Beispiel gibt es die sinnvolle Regel, Mails auf maximal fünf Sätze zu beschränken. Das spart nicht nur Zeit. Es ist auch eine Übung darin, das Wesentliche kurz und prägnant auszudrücken. Indem man kurze Mails schreibt, bringt man meist auch den anderen dazu, kurz zu antworten. Auf analoge Weise kann man viele alltägliche Verpflichtungen zu einer Übung für sich selbst machen. Auf diese Weise können wir Kontrolle zurückgewinnen. Wir können Fremdzeit in Eigenzeit transformieren.

Zeitmanagement-Techniken zielen zumeist darauf, die Zeit möglichst effizient zu nutzen, also möglichst viele Dinge in der Zeit unterzubringen, die einem zur Verfügung steht. Meist bieten sie aber keine Anleitung für den Umgang mit Fremdzeit. Man muss sich darüber im Klaren sein, dass Fremdzeit immer auch Eigenzeit ist, die man gestalten oder jedenfalls mitgestalten kann. Das bedeutet aber auch, dass wir für die Fremdzeit mitverantwortlich sind, die oft wie eine Naturgewalt über uns hereinzubrechen scheint. Natürlich kann man schwerlich etwas dagegen tun, wenn man eine bestimmte Aufgabe zugeteilt bekommt. Aber man kann versuchen, diese Aufgabe zu seiner eigenen Aufgabe zu machen. Man kann mit zeitlichen Anforderungen spielerisch und strategisch umgehen. Man kann versuchen, möglichst viel aus der Fremdzeit herauszuholen.

Ob ein Termin reine Zeitverschwendung ist oder nicht, hängt in hohem Maße von unserem eigenen Verhalten ab. Selbst ein sachlich sinnloser Termin kann die Gelegenheit bieten, andere Menschen zu studieren, sich in der Gesprächsführung zu üben und vieles mehr. Ein lästiger Termin kann eine Übung darin sein, lästige Termine zu absolvieren – und vielleicht auch Einsichten vermitteln, wie man solche Termine in Zukunft vermeiden kann. Man kann lernen, die Eigenzeit von Meetings besser zu erkennen. Jedes Meeting hat seine Eigenzeit, seinen spezifischen Verlauf, seine besondere Qualität. Selbst das produktivste Meeting wird irgendwann unproduktiv, es steuert auf einen Punkt zu, an dem man es besser beenden sollte. Man muss also ein Stück weit Zeit verschwenden, um zu lernen, wie man in Zukunft weniger Zeit verschwendet.

> Wir können lernen, Fremdzeit in Eigenzeit zu verwandeln.

Seine Zeit bewusst zu leben, das heißt auch, die Fremdzeit bewusst zu erleben. Das erfordert aus meiner Sicht vor allem Aktivität. Ein langweiliges Gespräch wird erst dann so richtig öde, wenn man selbst nichts dazu beiträgt, sondern es einfach nur über sich ergehen lässt. Nicht nur vergeht die Zeit subjektiv langsamer. Wir können uns hinterher auch nicht daran erinnern. Es ist also so, als hätte das Gespräch nie stattgefunden.

Jeder Termin ist sinnlos, wenn ich ihn nicht in etwas Sinnvolles transformiere. Das beginnt natürlich schon beim aktiven Zuhören. Wenn ich einem Termin einfach nur passiv beiwohne, ohne selbst wenigstens eine gewisse Aufmerksamkeit zu investieren, dann ist der Termin tatsächlich verlorene, ja verschwendete Zeit. Jeder kleine Small Talk bietet solche Chancen, etwas über andere zu lernen – und sei es nur, wie man lästige Gesprächspartner möglichst schnell und doch freundlich wieder loswird.

In unserer Welt können wir uns Nachsicht gegenüber Zeitdieben schlicht nicht leisten. Wir müssen unsere Eigenzeit schützen, soweit es eben geht. Das heißt aber nicht, sich in die Ego-Kapsel zurückzuziehen. Dennoch erfordert die Abwehr von Zeitdieben vor allem Distanz und Abgrenzung. Das Problem eines anderen ist nicht unbedingt mein Problem, erst recht dann nicht, wenn ich es ohnehin nicht beeinflussen kann – »nicht meine Baustelle«. Ein besonderer Fall von Zeitdieben sind jene, die ein besonderes Maß an Zuwendung einfordern.

Um unsere Eigenzeit zu schützen, müssen wir lernen, sie mit der Fremdzeit zu »synchronisieren«. Denn wer die zeitlichen Anforderungen seiner Umwelt komplett ignoriert, wird sich am Ende isolieren. Auch die Pflege von Freundschaften »kostet« letztlich Zeit. Man hat vielleicht nicht immer Lust, einen Freund zu treffen, wenn der gerade Probleme hat. Dennoch muss man es tun, weil es eben ein Teil der Verpflichtungen ist, die zu einer Freundschaft dazugehören.

Jede zeitliche Anforderung bringt mich dazu, mich selbst zu vergegenwärtigen. Ich muss in irgendeiner Form darauf reagieren, wenn die Fremdzeit Ansprüche an mich stellt. Ich muss mich damit beschäftigen. Die Zeit zu leben, das heißt, sie bewusst zu leben, sie nicht einfach verstreichen zu lassen. Sich klarzumachen, was man tut und warum man es tut – und dass man es gemeinsam mit anderen tut. Es heißt aber auch, sich immer wieder vor Augen zu führen, dass unsere Zeit endlich und, ja, knapp ist.

Synchron leben

Spitzen Sie einmal einen Bleistift. Sie entscheiden über das Tempo und den Rhythmus. Sie können sehr schnell spitzen oder eher langsam und liebevoll. Wenn Sie nun den Bleistift spitzen und spitzen, werden Sie irgendwann feststellen, dass er nun spitz genug ist. Zwar können sie ihn immer weiter drehen, aber das hat offenbar keinen Sinn. Und wenn sie es übertreiben, bricht die Spitze ab, und Sie müssen von Neuem beginnen. Der Vorgang des Bleistiftspitzens kommt also gleichsam zu seinem natürlichen Ende. Und dennoch haben Sie ihn, sogar im Wortsinn, in Ihrer eigenen Hand.

Ein Tanz mit der Zeit

Das Bleistiftspitzen hat seine eigene Zeit. Und auch Sie haben Ihre Zeit. Im Idealfall gelingt es Ihnen, beide Zeiten, also ihre Eigenzeit und die Bleistiftzeit, miteinander zu synchronisieren. Aber was bedeutet es nun, dass Ihre Eigenzeit mit der Fremdzeit synchronisiert ist? Und woran erkennen Sie, dass dies der Fall ist?

Ich habe darauf eine einfache Antwort. Synchronisation liegt dann vor, wenn Sie beim Bleistiftspitzen nicht mehr auf die Uhr schauen müssen. Wenn Sie sich ganz dem Vorgang hingegeben können. Wenn Sie den Bleistift genau in dem Tempo, mit der Sorgfalt spitzen, die Ihrer Eigenzeit und dem Bleistiftspitzen gleichermaßen gerecht werden.

Nicht nur das Bleistiftspitzen hat seine Zeit. Jede Tätigkeit, jeder Prozess, jede Situation entwickelt sich und reift heran. Diese Zeit hat nichts mit der Uhrzeit zu tun. Ein Film kann zwei Stunden dauern und doch nicht »zu lang« sein. Manches zweistündige Meeting hingegen dauert viel länger als bloß die zwei Stunden. Und gerade die bedeutendsten menschlichen Erfahrungen lassen sich nicht mit der Uhrzeit bestimmen. Man kann jemanden nicht für zwei Stunden lieben und dann nicht mehr. Auch die Liebe hat freilich ihre Zeit. Auch sie wächst und reift – und irgendwann verblüht sie auch.

Das Gefühl von Synchronisation haben wir dann, wenn wir im gleichen Takt, im gleichen Rhythmus sind. Synchronisation hat etwas mit Musik zu tun, es ist wie Tanzen. Mit der Zeit tanzen – das heißt, sich in ihrem Rhythmus zu bewegen. Wenn wir »synchron« leben, tanzen wir mit den Anforderungen der Welt, mit Fristen und Terminen, mit Bleistiften. Vor allem aber tanzen wir mit anderen Menschen. Der Rhythmus der Zeit ist nicht der immergleiche Takt der Uhrzeit.

Um uns mit der Welt zu synchronisieren, müssen wir lernen, uns auf ihren Rhythmus einzulassen.

In einer hyperaktuellen Welt müssen wir neue Strategien entwickeln, um mit unserer Zeit umzugehen. Das fordert uns vor allem ab, ein Stück weit die Kontrolle, die wir über sie zu haben glauben, aufzugeben. Wir müssen uns von der Vorstellung verabschieden, dass wir die Zeit nutzen können wie eine Ressource. Wir müssen aufhören, uns an starren Plänen und strikten Zielvorgaben zu orientieren, weil sich eben jederzeit alles ändern kann. Wir können in die Zeit nicht alles hineinpacken wie in einen Koffer. Denn im Unterschied zum Koffer verändert sich die Zeit ständig, sie nimmt eine neue Qualität an, eine neue Gestalt. Jede Gegenwart, jeder Moment ist wie ein neuer Tanzpartner, auf den wir uns einstellen müssen.

Einen besonderen Wert auf die Gegenwart legten schon die stoischen Philosophen: Aus Sicht der Stoiker sollten wir uns nur auf das konzentrieren, was in unserer Macht steht, denn das Vergangene sei vergangen und nicht zu ändern, die Zukunft ungewiss. Allein die Gegenwart läge in unserer Hand, auf sie müssten wir uns beschränken. Bei Seneca beispielsweise heißt es in einem seiner Briefe an Lucilius: »Beschneiden muss man also zweierlei, Furcht vor künftigem Ungemach und Erinnerung an Altes: Dieses geht mich nichts mehr an, jenes noch nicht.«

Wenn aber nur die Gegenwart zählt, hat es ebenso wenig Sinn, mit dem Vergangenen zu hadern, wie alle Erwartungen an die Zukunft zu hängen, argumentieren die Stoiker. Da unsere Gegenwart allerdings kurz sei, nur ein unmerklicher Augenblick, der schnell an uns vorüberhusche, sollten wir nicht so tun, als ob wir »Tausende von Jahren zu leben hätten«, schreibt Marc Aurel in seinen *Selbstbetrachtungen:* »Der Tod schwebt über deinem Haupte. Solange du noch lebst, solange du noch kannst, sei ein rechtschaffener Mensch.«

Da unser Leben endlich ist und in jedem Augenblick vorbei sein kann, sollten wir aus stoischer Sicht jede Handlung so betrachten, als wäre sie »die letzte« unseres Lebens. So gesehen müssten wir uns unserer Gegenwart, dem jetzigen Zeitpunkt, also ganz hingeben – so als würde allein dieser Augenblick unser ganzes Leben enthalten.

Folgen wir dem stoischen Augenmerk auf die Gegenwart, fokussiert dieser uns auch aufs praktische Handeln. Vergangenheit und Zukunft belasten uns nur, damit dürfen wir unsere Zeit nicht verschwenden. Es kommt vielmehr darauf an, was wir im Hier und Jetzt denken, wollen und tun. So gesehen können uns die äußeren Dinge selbst nicht beunruhigen, sagt der stoische

Philosoph Epiktet (55–135), ein freigelassener Sklave. Beunruhigen kann uns nur, wie wir über sie denken. Selbst der Tod ist für einen Stoiker nichts Furchtbares, sondern nur die Angst, die wir vor ihm haben.

Für den Stoiker ist alles gleichgültig, was nicht direkt von ihm abhängt, was er also nicht beeinflussen kann. Was als Stoiker in unserer Macht steht, das sind allein unsere Urteile über die Dinge, unsere Handlungsmotive, unser Begehren. »Alles beruht auf Meinung«, sagt Marc Aurel. Unser Selbst sei daher die »innere Festung«, die einzige Zufluchtsstätte, die uns innere Ruhe böte und in die wir uns zurückziehen könnten, was auch immer in der Welt geschieht. Selbst wenn in der Welt der blinde Zufall herrscht, unser Selbst, unsere Vernunft kann uns laut den Stoikern niemand nehmen. Darin liegt unsere Freiheit, die es uns ermöglicht, gerecht zu handeln und dem Gemeinwohl zu dienen.

Wie weit wir uns auf die Gegenwart fokussieren können, hängt von unseren inneren Werten ab.

Nichts in der Welt kann uns daran hindern, richtig zu urteilen, unsere Begierden zu zügeln und mit guter Absicht zu handeln. Selbst wenn wir an äußeren Hindernissen scheitern: Über unseren guten Willen entscheiden allein wir selbst.

So sehr der stoische Ansatz die Selbstbestimmung über unsere Gegenwart anhand unseres freien Willens betont, müssen wir die Fähigkeiten dazu jedoch trainieren. Zuallererst basiert sie auf unserem Urteilsvermögen, von dem alles andere abhängt. Wir müssen versuchen, die Dinge so zu sehen, wie sie sind, und unser Handeln darauf ausrichten. Das stoische Denken hat daher vor allem eine therapeutische Funktion. Es geht um die Übereinstimmung mit uns selbst und der Welt. Aus stoischer Sicht sind wir alle Schauspieler, die eine Rolle spielen, die wir uns nicht selbst ausgesucht haben. Wir können nur versuchen, in dieser Rolle möglichst gut aufzugehen.

Die stoische Lebenskunst zielt im Kern darauf ab, das Selbst gegen alles abzugrenzen, was wir nicht beeinflussen können. Der Stoiker lässt sich nicht davon beirren, was andere über ihn denken. Er folgt nicht einfach blinden Emotionen, die sein Urteil trüben. Statt der Vergangenheit nachzutrauern oder die Zukunft zu fürchten, konzentriert er sich ganz auf die Gegenwart. Statt sein ganzes Leben in den Blick zu nehmen, richtet er seine Aufmerksamkeit auf das, was unmittelbar in seiner Macht steht.

Die »innere Festung« der Stoiker dient dazu, dem Selbst den nötigen Freiraum zu geben, um der Gemeinschaft zu dienen. Die aus dieser Haltung resultierende stoische Gelassenheit kann uns helfen, uns auf unsere eigenen Möglichkeiten zu fokussieren, statt unsere Zeit mit Dingen zu vergeuden, auf die wir ohnehin keinen Einfluss haben. Selbst der Tod eines Menschen ist gleichgültig in dem Sinne, dass wir nichts daran ändern können.

Der Stoiker handelt mit Voraussicht, er rechnet mit Kontingenz. Es kann immer etwas dazwischenkommen, das uns daran hindert, ein bestimmtes Ziel zu erreichen. Aber das ist kein Grund zur Verzweiflung. Wir können ja daraus lernen und beim nächsten Mal einen anderen Weg wählen. Angenommen, Sie haben einen schweren Fehler gemacht. Aus stoischer Sicht können Sie nichts daran ändern, denn der Fehler liegt ja schon in der Vergangenheit. Es hat also keinen Sinn, sich damit weiter zu beschäftigen. Als Stoiker konzentrieren Sie sich vielmehr darauf, jetzt alles richtig zu machen.

Die Gegenwart, das sind nicht nur wir

In der heutigen Welt, so könnte man glauben, sollten wir eigentlich alle Stoiker sein. Überall sind wir mit komplexen Sachverhalten und Entwicklungen konfrontiert, die wir weder überblicken noch verändern können. So gesehen brauchen wir alle eine »innere Festung«, die uns Schutz bietet vor den Zumutungen der Welt.

Ich stimme den Stoikern darin zu, dass wir uns auf die Gegenwart konzentrieren müssen. Aber die stoische Sicht ist mir zu kühl, zu distanziert. Wie die Dinge auch kommen, der Stoiker weiß der jeweiligen Situation zu entsprechen. Jedes Ereignis ist eine Gelegenheit, das eigene Selbst weiterzuentwickeln. Einem Stoiker kann daher nichts etwas anhaben, im Grunde ist ihm jede Situation recht. Wie es kommt, so kommt es eben. Wir können nur versuchen, das Beste daraus zu machen.

Aus meiner Sicht können wir uns jedoch nicht einfach in unsere »innere Festung« zurückziehen. Wir sind auch nicht nur Schauspieler, die irgendeine Rolle spielen, in die uns das Schicksal hineingestellt hat. Wir können das Vergangene und Zukünftige nicht einfach ausblenden, unser Selbst nicht einfach auf den gegenwärtigen Moment begrenzen.

Wir leben unser Leben.

Wir brauchen heute ein lebendigeres, dynamischeres Bild der Gegenwart.

Wir können nur in der Gegenwart leben, aber da sie kontingent und hyperaktuell ist, erscheint sie uns heute nicht mehr bloß als ein Augenblick. Sie ist nicht nur das, was wir gerade denken, wollen oder tun. Die Gegenwart hat eine Dauer. In ihr steckt unsere Vergangenheit und Zukunft. Der französische Philosoph Gilles Deleuze nennt das die »lebendige Gegenwart«.

Auch in unserer hyperaktuellen Gegenwart hat jeder Mensch seine eigene Zeit. Auch brauchen wir nach wie vor die Uhrzeit, um uns überhaupt zeitlich zu koordinieren. Dennoch brauchen wir heute eine andere Art von Synchronisation, um unsere unterschiedlichen Zeiterfahrungen miteinander in Einklang zu bringen.

Wie die Stoiker glaube ich, dass es darauf ankommt, in Übereinstimmung mit unseren Werten zu leben. Wir müssen entscheiden, was uns wichtig ist – und was uns im Grunde egal sein kann. In einer komplexen Welt ist das geradezu eine Überlebensstrategie. Aber im Unterschied zu den Stoikern bin ich nicht der Ansicht, dass es dabei allein auf unser Selbst ankommt. Die Gegenwart, das sind nicht nur wir, die wir denken, wollen und handeln.

Synchronisation heißt nicht einfach nur, Gleichzeitigkeit herzustellen. Synchronisation hat zudem eine Sinn- und Wertdimension. Ich bin mit einer bestimmten Situation, mit einem Ereignis konfrontiert und richte mein Verhalten entsprechend aus. Wenn die Ampel auf Rot schaltet, bleibe ich stehen. Auf diese Weise können wir uns auch mit der Zukunft synchronisieren. Wenn ich den Zug um 7 Uhr erreichen will, dann muss ich jetzt ein Taxi bestellen. Ich muss mir also vergegenwärtigen, dass der Zug um 7 Uhr fährt – und dass es mir wichtig ist, diesen Zug auch tatsächlich zu erreichen.

Unsere Eigenzeit enthält nicht nur unsere eigene Gegenwart, sondern auch die zahlloser anderer Menschen und Einflüsse.

Nur die Gegenwart existiert. Aber diese Gegenwart enthält nicht nur Vergangenheit und Zukunft, sondern auch viele andere Gegenwarten – die Gegenwart anderer Menschen und Dinge, die Gegenwart des Computers, an dem ich gerade sitze, die Gegenwart meiner Frau, die mir gerade eine SMS geschickt hat.

In dieser lebendigen Gegenwart brodelt und vibriert es. Jede Gegenwart ist neu, ein Experiment. Die Gegenwart ist unsere Freiheit, unser Leben. Jede Gegenwart ist ein Anfang von etwas. Sich zu synchronisieren heißt, sich selbst immer wieder neu zu »vergegenwärtigen«, sich auf die Gegenwart immer wieder neu einzulassen.

Wir sollten aufhören, uns selbst zu wichtig zu nehmen. Wichtig ist unsere Zeit, die Zeit, die wir leben. Wir leben in der Gegenwart. Aber wir leben unsere Vergangenheit, Gegenwart und Zukunft zugleich.

»Recht zu leben – das sollte unser großes und leuchtendes Meisterwerk sein«, schrieb Michel de Montaigne. Im französischen Original heißt es »apropos zu leben«. Nach Montaigne müssen wir das Leben vom Moment her denken. Das heißt aber weder, sich vom Moment hinreißen zu lassen, noch, sich seiner zu bemächtigen.

Apropos zu leben – das bedeutet vielmehr, sich zu »synchronisieren«, also zu versuchen, dem jeweiligen Moment zu entsprechen: »Wenn ich tanze, tanze ich, und wenn ich schlafe, schlafe ich; selbst wenn ich einsam durch einen schönen Park spaziere und meine Gedanken sich zeitweilig mit anderen Dingen beschäftigen, lenke ich sie dann eine Zeit lang auf den Spaziergang zurück, auf den Park, auf den Zauber dieser Einsamkeit, auf mich.«

»Wenn ich tanze, tanze ich« – das klingt zunächst einmal nach einer Tautologie. Natürlich: Wer tanzt, der tanzt. Das Entscheidende liegt in dem Konditional: Wenn ich tanze, dann tanze ich – und tue nichts anderes. Ich entspreche also dem Moment, ich »koinzidiere«.

Wenn ich tanze, tanze ich. Das heißt, ich tanze so lange, wie der Tanz dauert. Ich will aber nicht ewig tanzen. Ich könnte Gründe haben, das Tanzen wieder zu beenden, um mich etwas anderem zuzuwenden. Das Tanzen hat seine Zeit. Danach kommt die Zeit für etwas anderes. Sich zu »synchronisieren« heißt für mich, der jeweiligen Situation zu entsprechen.

Jede Situation, so denke ich, hat ihre eigene Zeit – und ihren eigenen Wert. Sich mit einer Situation zu synchronisieren ist keine Frage der Uhrzeit. Wir synchronisieren uns mit einem Ereignis, indem wir unsere Aufmerksamkeit darauf richten, indem wir die Situation »bewerten« – und unsere Werte mit dem Wert der Situation in Einklang bringen.

Bei jeder Party gibt es eine Zeit zu gehen. Der »richtige« Zeitpunkt hängt zum einen vom subjektiven Empfinden ab. Man hat vielleicht keine Lust mehr, länger zu bleiben; man muss am nächsten Morgen früh aufstehen oder hat schlicht noch etwas anderes vor. Das ist die Perspektive der Eigenzeit. Aber auch die Party hat ihre Zeit. Sie fängt zu einem bestimmten Zeitpunkt an, und irgendwann ist sie definitiv zu Ende. Sie entwickelt sich, sie hat ihre Höhepunkte – und ihre Tiefen. Vielleicht verebben gerade die Gespräche, die meisten Gäste sind schon gegangen, der Gastgeber ist müde. »Zeit zu gehen«, sagen wir dann. Wenn wir dennoch länger bleiben, haben wir oft das Gefühl, den richtigen Zeitpunkt verpasst zu haben. Wir fangen an, uns zu langweilen. Unsere Eigenzeit und die Partyzeit fallen auseinander.

Mit der Zeit tanzen, das heißt offen sein für das Potenzial einer Situation, für das Heranreifen einer Gelegenheit, die man nutzen kann. Ein guter Tänzer muss sich an die Partnerin oder den Partner anpassen, ihn aber auch »führen«, das geht nicht mit Gewalt, sondern nur mit Einfühlsamkeit und Geschick.

> Wir synchronisieren uns mit einem Ereignis, indem wir unsere Werte mit dem Wert der Situation in Einklang bringen.

Jede Gegenwart ist ein Experiment mit unsicherem Ausgang. Wenn wir handeln, probieren wir etwas aus. Sicherlich können wir in gewissem Sinn alles wieder von Neuem beginnen. Wir können etwa das Haus, das wir gebaut haben, abreißen und wieder neu aufbauen. Auch Paare können nach einer Trennung wieder »neu anfangen«. Aber es ist dann eben ein Neuanfang – und nicht die Wiederholung des Alten. Auch unsere Werte sind nicht einfach unveränderlich und starr, ganz im Gegenteil, sie verändern sich ständig.

Die Gegenwart, das ist mehr als Jetzt

Was passiert ist, das ist passiert. Ein vergangenes Erlebnis können wir nicht ungeschehen machen. Aber es steht in unserer Macht, seinen Sinn- und Wertgehalt für uns zu verändern. In dieser Hinsicht können wir über vergangene Ereignisse ebenso verfügen wie über die Zukunft – wir können durch die Zeit reisen. Wir machen unsere Zeit selbst.

Jedes Erlebnis wirkt auf irgendeine Weise nach, es hat seinen Sinn und Wert noch nicht ganz entfaltet. Solange wir leben, können wir seine Bedeutung für uns immer wieder neu bestimmen. In diesem Sinne können wir jedes vergangene Erlebnis neu vergegenwärtigen. Der Philosoph Max Scheler schrieb einmal, alle Vergangenheit sei ihrem Sinngehalt nach »nur das Problem, was wir mit ihr anfangen sollen«.

Diese Wirksamkeit des Vergangenen ist keine kausale Wirkung. Sie entfaltet sich erst, wenn wir das Vergangene neu aktualisieren – wenn wir also handeln. Auf diese Weise wird ein vergangenes Ereignis zu einem Teil unserer lebendigen Gegenwart. Vielleicht haben Sie vor einiger Zeit einmal begonnen, eine neue Sprache zu lernen, doch Sie haben den Kurs abgebrochen. Vergeudete Zeit, denken Sie vielleicht. Jahre später fahren Sie in das Land, dessen Sprache Sie zu lernen begonnen haben. Dank Ihrer rudimentären Kenntnisse können Sie sich mit einem Einheimischen verständigen – und daraus entwickelt sich schließlich eine lebenslange Freundschaft.

Der abgebrochene Sprachkurs hat plötzlich eine ganz neue Bedeutung. Was Sie womöglich schon längst abgehakt haben, wird zu einer wichtigen Episode Ihres Lebens. Etwas Unbestimmtes, Unfertiges hat sich entfaltet, etwas Vergangenes in lebendige Gegenwart verwandelt. »Man weiß nie, wozu etwas gut ist«, heißt es in einer Redensart. Und es stimmt: Welche Wirkung ein Ereignis hat, können wir nicht vorhersehen. Scheinbar belanglose Ereignisse können, durch eine Verkettung von Umständen, unser Leben völlig umkrempeln. Aber es liegt in unserer Freiheit, vergangenen Ereignissen einen neuen Sinn zu geben. Aus meiner Sicht heißt das nicht, unsere Vergangenheit einfach nur neu zu interpretieren. Es heißt tatsächlich, die Vergangenheit zu verändern – und zwar durch unser gegenwärtiges Handeln.

Leben heißt also, sich immer wieder neu zu »vergegenwärtigen«, Vergangenheit und Zukunft immer wieder einen neuen Sinn in der Gegenwart zu geben. Das Leben ist immer das gleiche. Aber die jeweilige Gegenwart ist eine andere.

Versuchen Sie einmal, sich zu »vergegenwärtigen«. Nicht irgendwann, sondern genau jetzt, in eben der Situation, in der Sie sich gerade befinden. Sie lesen dieses Buch, vielleicht sogar sehr konzentriert. Das Lesen ist ein Prozess. Es zieht die Zeit für Sie gleichsam zusammen – zu einer erlebten Dauer, ganz unabhängig von den Sekunden, Minuten oder Stunden. In dieser Gegenwart steckt aber auch Ihre Vergangenheit und

Zukunft. Sie haben schon früher gelesen, das Lesen ist Ihnen wichtig, Ihre früheren Leseerfahrungen sind zwar unwiderruflich vergangen, aber sie wirken auf die Gegenwart ein. Zugleich aber machen Sie gerade eine neue Leseerfahrung, die wiederum einen Effekt hat auf alle zukünftigen und vergangenen Leseerfahrungen – aus meiner Sicht darauf, was das »Lesen« überhaupt für Sie bedeutet, welchen Wert es für Sie hat. Was Sie gerade tun, hat also einen Effekt auf die Vergangenheit wie auf die Zukunft. Aber das ist nur möglich, weil wir es jedes Mal anders tun. Selbst wenn Sie dieses Buch hundertmal lesen oder irgendeine andere Handlung immer wieder wiederholen, so ist doch jedes Mal irgendetwas anders.

Aber Ihre lebendige Gegenwart sind nicht nur Sie und dieses Buch, sie enthält auch viele andere Gegenwarten. Versuchen Sie, Ihre Umgebung wahrzunehmen. Da sind noch ganz andere Dinge als bloß Sie selbst und das Buch. Da ist der Stuhl, auf dem Sie gerade sitzen, vielleicht Ihr Handy, Ihre Katze, das Vogelgezwitscher von draußen. Es ist Ihre Entscheidung, was zu Ihrer Gegenwart gehört und was nicht, worauf Sie Ihre Aufmerksamkeit richten und was Sie einfach ausblenden. Nun überlegen Sie, als guter Stoiker, welches Potenzial die Situation hat, was Sie daraus machen können – und was nicht. Bestimmt können Sie das Buch für ein paar Sekunden weglegen und Ihre Katze streicheln, Sie können Ihr Handy checken, um eine Nachricht an einen Freund zu schreiben. All das hängt von Ihnen ab.

Ohne ein Mindestmaß an Synchronisation könnten wir nicht leben. Wir würden uns ständig inadäquat verhalten und den Bezug zur Welt verlieren. Synchronisation ist jedoch nur in der Gegenwart möglich. Wenn wir sicherstellen wollen, dass wir unseren Zug erreichen, dann müssen wir das Taxi eben jetzt rufen.

Die Gegenwart mit Werten füllen

Zwar ist unsere Gegenwart häufig von Dingen geprägt, die uns wenig bis nichts bedeuten – alltägliche Routinen wie das Duschen oder der Weg zur Arbeit etwa. Das Bedeutsame aber, das Wichtige strahlt gleichsam über seine jeweilige Gegenwart aus – es ist wirksam. So stellt es eine Verbindung her zwischen Vergangenem, Gegenwärtigem und Zukünftigem.

Was uns wirklich wichtig ist, worum wir uns sorgen, darüber entscheiden unsere Werte. Um diese Werte aber zur Basis unserer Synchronisation mit der Gegenwart zu machen, müssen wir sie in eine Gewohnheit verwandeln. Schon Aristoteles sah den Wert der Gewohnheit für das gelingende, tugendhafte Leben; der schottische Philosoph David Hume bezeichnete die Gewohnheit als »die große Führerin des menschlichen Lebens«; der Philosoph und Psychologe William James empfahl sogar, so viele nützliche Handlungen wie möglich zur Gewohnheit zu machen. Gewohnheiten binden die Zeit zusammen, sie schaffen eine Dauer. Gewohnheiten erwerben wir durch Praxis, indem wir etwas immer wieder und wieder tun, bis es uns sozusagen in Fleisch und Blut übergegangen ist. Der Wert, der einer solchen Gewohnheit zugrunde liegt, unterscheidet sie dann von der bloßen Routine.

Eine Praxis, mit der wir Werte in Gewohnheiten überführen können, hat bestimmte Eigenschaften. Unter einer Praxis verstehe ich erstens eine menschliche und soziale Tätigkeit, die ihren Zweck zumindest teilweise in sich selbst hat. Zweitens verwirklicht eine Praxis »innere Güter«, also Güter, die ich nur dadurch realisieren kann, dass ich die Praxis ausübe. Drittens schließt die Praxis bestimmte Maßstäbe und Regeln mit ein.

Eine solche Praxis könnte zum Beispiel das Kochen sein. Es ist eine zutiefst menschliche Tätigkeit und bisweilen auch eine soziale (Punkt 1); zugleich vermittelt das Kochen bestimmte innere Güter – die Freude am Kochen, die Schärfung der Sinne, ein gewisses Handwerk (Punkt 2); und schließlich gibt es bestimmte Maßstäbe und Regeln, denen das Kochen folgt (Punkt 3) – das wichtigste Kriterium ist natürlich, dass das Essen schmeckt. Wenn wir das Kochen wichtig finden und ihm einen Wert beimessen, dann werden wir es häufig tun und versuchen, möglichst gut zu kochen. Regelmäßiges Kochen erweitert unsere Fähigkeiten – wir werden immer besser, was uns wiederum mehr Freude macht. So überführen wir den Wert, den wir dieser Tätigkeit beimessen, durch eine verinnerlichte Praxis in eine Gewohnheit, die unsere gelebte Gegenwart positiv beeinflussen kann.

Praktiken strukturieren die Zeit, sie schaffen eine bestimmte zeitliche Ordnung. Sie verwandeln die Zeit in eine gelebte Dauer, in einen Sinnzusammenhang. Das kann neben dem Kochen auch die Arbeit sein, Sport, Singen oder Tanzen. Auch gelingende Beziehungen zwischen Menschen sind Praktiken. Praktiken schaffen Gewohnheiten. Sie ermöglichen es uns, unsere Werte über die Zeit hinweg zu verfolgen.

Eine Praxis übe ich in der Gegenwart aus. Zugleich aber knüpfe ich dabei an die Vergangenheit an, indem ich die Tätigkeit auf neue Weise wiederhole; dabei sammle ich bestimmte Erfahrungen, vielleicht erinnere ich mich an einen Zubereitungsfehler, den ich beim letzten Mal gemacht habe. Zugleich aber richte ich mich auch auf die Zukunft, indem ich etwa jetzt schon überlege, was ich morgen kochen könnte. Die Praxis des Kochens schafft eine zeitliche Struktur, eine Dauer. Wenn ich Sie während des Kochens frage, was Sie gerade tun, dann werden Sie vermutlich antworten, dass Sie gerade kochen. Nun haben Sie schon vor zwei Minuten gekocht, vielleicht auch schon vor zehn Minuten – und vermutlich kochen Sie in zwei Minuten auch noch. Mit anderen Worten: Ihre Gegenwart ist nicht einfach ein Augenblick, sie hat eine bestimmte Dauer.

Solange Sie kochen, kochen Sie.

Alles kehrt wieder. Jeder schöne, jeder traurige Moment, jedes tolle Erlebnis, jeder dummer Fehler. Das ist Nietzsches Gedanke der »ewigen Wiederkehr des Gleichen«. Von manchen Teilen unseres Lebens hoffen wir vielleicht, dass sie wiederkehren, von anderen eher nicht. Vieles im Leben wollen wir kein zweites Mal erleben, geschweige denn immer wieder. »[M]eine Lehre sagt: So leben, dass du wünschen musst, wieder zu leben, ist die Aufgabe – du wirst es jedenfalls.« Nietzsches Forderung ist also, das eigene Leben so sehr zu wollen, dass man es sogar verewigen will. In der »ewigen Wiederkunft« sieht Nietzsche daher die »höchste Formel der Bejahung«.

Im Grunde soll jeder so leben, wie er will, es gibt keinen höheren Sinn. Nur muss er sich bewusst machen, ob er wirklich so leben will, und zwar nicht bloß einmal, sondern immer wieder: »Es gilt die Ewigkeit.« Man kann Nietzsches Gedanken als eine Art ethische Fiktion begreifen. Wir sollen so leben, als ob alles immer wiederkehren würde. Die »ewige Wiederkunft« ist Nietzsches Antwort auf den »Tod Gottes«, auf die Sinnlosigkeit unseres Daseins. Sie gibt unserem Willen nämlich ein Gesetz jenseits aller Moral. Für Nietzsche tritt der Glaube an die »ewige Wiederkunft« an die Stelle der christlichen Vorstellung von der Unsterblichkeit.

Was bleibt, das ist das, was wir bejahen können. Nicht das Gleiche kehrt wieder, sondern das Ungleiche, die Differenz, sagt Gilles Deleuze. Real ist nur das Werden. Das bedeutet aber: Jede Gegenwart ist immer wieder neu. Nichts wiederholt sich. Auch wenn wir das Gleiche tun wie gestern, so ist es doch nicht dasselbe. Wir knüpfen ans Gewesene an, es wirkt in uns nach. Aber wir haben die Freiheit, den Sinn des Vergangenen zu verändern. Der Tanz beginnt jedes Mal von Neuem. Und es ist nie derselbe Tanz wie zuvor.

Zeitglück

Eine zufällige Begegnung, ein unverhofftes Jobangebot, ein günstiger Hauskauf: Gelegenheiten können unser Leben verändern. Ganz plötzlich tun sie sich auf, treten uns schicksalshaft gegenüber. Entweder wir »ergreifen« sie – oder sie ziehen vorüber.

Flüchtige Gelegenheiten

Die Griechen hatten zwei Gottheiten der Zeit, die eine war Chronos, der Gott der langen Zeit, der Dauer, die andere Kairos, der Gott des günstigen Augenblicks. Ihn haben die griechischen Bildhauer allegorisch mit Flügelschuhen, Stirnlocken und kahlem Hinterkopf dargestellt. Denn Gelegenheiten sind flüchtig, man muss sie »am Schopf« packen, sonst huschen sie an einem vorbei; von hinten bekommt man nur noch den kahlen Hinterkopf zu fassen.

Alles im Leben hat seine »Zeit«, seinen *kairós*, vom morgendlichen Duschen bis zum Zähneputzen vor dem Schlafengehen. Der Prediger Salomo hat das so ausgedrückt: »Alles hat seine Stunde. Für jedes Geschehen unter dem Himmel gibt es eine bestimmte Zeit (…) eine Zeit zum Töten und eine Zeit zum Heilen/Eine Zeit zum Niederreißen und eine Zeit zum Bauen (…).«

Stets war der *kairós* im Bunde mit den Handelnden, die die Gunst der Stunde zu nutzen vermögen. Und das musste nichts Gutes bedeuten: Bei Homer war der *kairós* noch der günstige Augenblick, um einem Feind den Todesstoß zu versetzen. Bei Platon dann wird das menschliche Leben nicht mehr nur von *kairós* gelenkt, sondern ebenso von *týche,* dem Schicksal. Für Niccolò Machiavelli (1469–1527) schließlich zeichnet sich der fähige Staatsmann dadurch aus, dass er eine günstige Gelegenheit, eine *occasio* (griech. *kairós*) beherzt ergreift; darin besteht seine *virtù,* seine Tüchtigkeit. Für alle drei gilt: Das Glück, die *fortuna,* kann einem zugewandt sein. Aber man muss das Unvorhergesehene auch zu nutzen verstehen. Wenn wir immer nur zögern, ziehen alle Gelegenheiten an uns vorbei.

Hier begegnet uns wieder das »heroische« Modell, unsere westliche Vorstellung vom zupackenden Helden. Wir müssen die Gelegenheit »ergreifen«, »zupacken«, uns der Gelegenheit »bemächtigen«.

Was eine Gelegenheit ausmacht, das ist ihr flüchtiger Charakter. Wenn man sie nicht nutzt, dann kehrt sie oft nie wieder. Das Leben besteht aus lauter solchen Gelegenheiten, in gewisser Weise ist es selbst eine Gelegenheit – eine Chance, die wir ergreifen können oder eben nicht.

Jede günstige Gelegenheit stellt uns gleichsam eine Frage, sie stellt uns etwas in Aussicht. Und manchmal verführt sie uns zu Handlungen, die wir später bereuen. Insofern liegt in jeder Gelegenheit eine Herausforderung, die mitunter auch nur darin besteht, dass sie unsere Willenskraft auf die Probe stellt. Gelegenheiten haben etwas mit unseren Werten zu tun. Wenn uns eine Sache wichtig ist, dann können wir uns einer Gelegenheit, die uns ebenjene Sache verspricht, kaum entziehen.

Eine Gelegenheit kann den Lauf der Dinge radikal verändern. So kann ein unterlegener Boxer seine Chance nutzen, wenn sein Gegner einen Moment unaufmerksam ist, um einen entscheidenden Schlag zu landen. Waren wir mal nicht geistesgegenwärtig genug, sie am Schopf zu packen, bereuen wir versäumte Gelegenheiten. »Es war ein Fehler, dass ich das damals nicht gemacht habe.« Aber tatsächlich verpassen wir natürlich ständig Gelegenheiten, einfach schon deswegen, weil wir sie gar nicht als solche erkennen. Das Netz gibt uns heute das Gefühl, dass wir unseren *kairós* kontrollieren können. Man denke nur an Partnervermittlungsagenturen, die einem das Warten auf den »günstigen Augenblick« ersparen, in dem man den oder die Richtige trifft.

Ein günstiger Augenblick hat keine Uhrzeit. Man kann ihn nicht messen. Und was eine Gelegenheit für den einen ist, muss es keineswegs für den anderen sein. Gelegenheiten gehören zu unserer Eigenzeit, wenn wir sie richtig erkennen und nutzen. Eine Gelegenheit ist Fremdzeit, die plötzlich über uns hereinbricht – eine unerwartete Unterbrechung etwa. Eine Gelegenheit ist wie eine Tür in unserer Zeit, die nur einen gewissen Moment lang offen steht. Es liegt in unserer Macht, durch diese Tür hindurchzugehen. Aber wir wissen nicht genau, was uns dahinter erwartet.

> Gelegenheiten sind Fremdzeiten, die wir, wenn wir sie erkennen, zum Teil unserer Eigenzeit machen können.

Eine Gelegenheit nutzen kann meiner Ansicht nach nur derjenige, der seine Zeit wirklich lebt. Wir können sie überhaupt nur erkennen, wenn wir geistesgegenwärtig, mithin also »gegenwärtig« sind. Dazu brauchen wir unsere vergangenen Erfahrungen – und wir müssen fähig sein, die Zukunft wenigstens ein Stück weit zu antizipieren. Wenn uns aber die nötige »Bandbreite« dazu fehlt, wenn wir »im Tunnel« sind, dann rennen wir an der »Göttin der Gelegenheit« vorbei.

Gelegenheiten können auch ganz unscheinbar sein; auch deshalb brauchen wir ein besonderes Gespür, einen wachen Blick, um sie nicht zu übersehen. Nehmen wir nur die Gelegenheit, etwas zu genießen, einen Augenblick auszukosten. Es gibt viele solche Gelegenheiten. Und die wahren Genießer verstehen es, fast jeden Augenblick zu genießen.

Das Genießen hat eine zeitliche Dimension. Zum einen verbindet es uns mit der Gegenwart – man genießt im Hier und Jetzt. Zugleich können wir uns erinnern, etwas besonders genossen zu haben. Man kann sich auf einen zukünftigen Genuss freuen. Und man kann lernen, etwas zu genießen. Wir können uns das Genießen zur Gewohnheit machen.

Etwas zu genießen, das heißt, einen Moment auszukosten. Oft genug ziehen selbst angenehme Erlebnisse einfach an uns vorbei, ohne dass wir sie wahrnehmen, geschweige denn genießen können. Häufig sind wir einfach mit anderen Dingen beschäftigt. Dann hindern wir uns selbst daran, etwa einen Abend mit Freunden zu genießen, indem wir ständig Mails checken. Oder es fehlt uns schlicht die Bandbreite, da unser Fokus zu eng auf etwas anderes gerichtet ist. Wer unmittelbar vor der Deadline eines wichtigen Projektes steht, wird kaum den Sonnenuntergang genießen können. Genießen kann man nur bewusst. Das erfordert Achtsamkeit und Konzentration, aber auch Rituale, die dem Genuss etwas Besonders verleihen. Das Genießen markiert unsere Erinnerungen, es verleiht unserem Erleben eine positive Färbung. Jene Erlebnisse, die wir besonders genossen haben, behalten wir auch in guter Erinnerung – sie werden zum Teil unserer Eigenzeit. Wenn wir uns an einen besonders schönen Moment erinnern, dann »vergegenwärtigen« wir uns damit nicht nur, dass es sich in diesem Moment besonders gelohnt hat zu leben. Wir vergegenwärtigen uns den Moment selbst.

Eine Gelegenheit ist eine Versuchung, oft auch ein vages Versprechen. Sie stellt uns etwas in Aussicht, das wir noch nicht kennen. Eine neue Liebe, einen tollen Job, ein Haus in der Toskana. Meist wissen wir nicht, ob die Gelegenheit auch hält, was sie verspricht; das erklärt unser Zögern. Ob die Gelegenheit tatsächlich so günstig ist, können wir nur herausfinden, wenn wir sie nutzen.

Jede Gelegenheit hat zwei Seiten. Die eine ist die Möglichkeit, die sich plötzlich ergeben hat. Die andere ist die Person, die sie »beim Schopf packt« oder eben nicht. Jede Gelegenheit fordert eine Entscheidung. Wir müssen also wählen, und wir tragen die Verantwortung für unsere Wahl. Jede Gelegenheit besteht nur für eine gewisse Zeit, sie hat also eine Art Ablaufdatum, auch wenn wir das nicht immer kennen. Das bedeutet, dass wir uns nicht ewig Zeit lassen können. Wenn wir zu lange warten, dann ist die Gelegenheit verstrichen – sie existiert also nicht mehr.

Der *kairós* verleiht der Zeit so selbst einen Wert. Es ist, als hätte ein bestimmter Augenblick plötzlich ein Etikett: jetzt oder nie. Aber dieser Wert ist nichts, was dem Augenblick selbst anhaftet. Ein günstiger Augenblick ist immer nur »günstig für etwas«, er existiert also nur im Hinblick auf etwas, was man zu tun gedenkt. Der erfolgreiche Abschluss eines Projekts kann der

Wir können uns auf Gelegenheiten vorbereiten, indem wir die richtigen Voraussetzungen dafür schaffen.

»richtige Moment« sein, den Chef um eine Gehaltserhöhung zu bitten. Wenn der Kurs einer Aktie eine bestimmte Marke erreicht, kann das ein »günstiger Augenblick« sein, diese Aktie zu kaufen oder zu verkaufen. Und gewiss gibt es günstigere und weniger günstige Augenblicke, um mit seinem Partner über bestimmte Probleme zu diskutieren.

In der antiken Welt war es das gottgegebene Schicksal, das für den *kairós* sorgte, das günstige Augenblicke schuf oder eben nicht. An die Stelle des Schicksals trat für uns moderne Menschen später dann die Kontingenz. Eine gute Gelegenheit »ergibt« sich, man hat eben Glück gehabt, es hätte auch ganz anders kommen können. Heute versuchen wir in immer mehr Bereichen unseres Lebens, diese Kontingenz in den Griff zu bekommen. Mit anderen Worten: Wir schaffen uns unsere Gelegenheiten selbst.

Früher musste man auf Gelegenheiten warten, um einen potenziellen Partner kennenzulernen. Heute bekommen wir solche Gelegenheiten von Partnerplattformen geliefert, mathematisch ausgerechnet von Matching-Algorithmen, die möglichst viele Unwägbarkeiten eliminieren. Indem wir uns immer mehr »günstige Gelegenheiten« schaffen, so glauben wir, erhöhen wir auch unsere Chance, ein »optimales« Ergebnis zu erreichen – also den »Richtigen« oder die »Richtige« zu finden. Aber so einfach ist dem *kairós* nicht beizukommen. Ein Computeralgorithmus kann vielleicht Gelegenheiten schaffen. Aber eine Gelegenheit ist eben nur eine Gelegenheit – und nicht mehr. Nutzen müssen wir sie schon selbst.

Manchmal denken wir, dass jeder die Gelegenheit bekommt, die er verdient. Der *kairós,* der glückliche Augenblick, winkt dem Tüchtigen. Zwar kann man den günstigen Augenblick nicht erzwingen. Aber man kann die Voraussetzungen dafür schaffen, dass der *kairós* überhaupt erscheinen kann. Ein tolles Jobangebot mag ein »günstiger Augenblick« auch für denjenigen sein, der jahrelang darauf hingearbeitet hat. Aber er hat nicht einfach nur Glück gehabt. Man könnte vielleicht sagen, eine solche Person hat sich seinen *kairós* zum Freund gemacht.

Eine günstige Gelegenheit ist nicht einfach ein Schnäppchen, das man nebenbei mitnehmen kann wie im Supermarkt. Schon die griechischen Philosophen waren der Ansicht, dass es besondere Aufmerksamkeit, Erfahrung und Disziplin erfordert, einen *kairós* zu nutzen. Selbst die beste Gelegenheit verstreicht, wenn wir nicht klug handeln. Das gilt selbst für triviale Gelegenheiten des alltäglichen Lebens. Wenn sich ein »Gelegenheitskauf« anbietet, dann müssen wir zumindest überlegen, ob die Gelegenheit tatsächlich so günstig ist – oder ob es sich nicht lohnen könnte, noch etwas zu warten.

Eine Gelegenheit müssen wir zunächst einmal als solche erkennen. Was der rechte Augenblick ist, wissen wir selten im Vorhinein. Eine günstige Gelegenheit als solche kann man selten planen. Aber man kann sich darauf vorbereiten, die Bedingungen dafür schaffen, dass sie überhaupt eintreten kann. In einem Gespräch kann es zum Beispiel eine günstige Gelegenheit geben, um ein bestimmtes Problem anzusprechen oder eine bestimmte Frage zu stellen. Eine kurze Pause kann eine Gelegenheit sein, ein privates Telefonat zu führen. Stets kommt es darauf an, die Gelegenheiten rasch zu erkennen und zu nutzen.

Um Gelegenheiten zu erkennen und richtig zu nutzen, braucht es eine Art von Intuition, die auf Erfahrung beruht. Manchmal zeigt unser Bauchgefühl an, dass die Gelegenheit plötzlich da ist. Es liegt im Begriff der Gelegenheit, dass sie flüchtig ist. Man muss eben zugreifen, sonst ist sie weg. Das bedeutet aber auch, dass wir oft nicht alle Aspekte der Situation durchdenken können. Wir müssen einfach handeln – oder eben nicht. Das gilt vor allem dann, wenn wir wissen, dass es womöglich die letzte Gelegenheit ist. Für einen Bergsteiger mag es beim Heraufziehen eines Sturms eine solche »letzte Gelegenheit« geben, sich in Sicherheit zu bringen. Wenn er diese Gelegenheit nicht nutzt, dann ist der Rückweg abgeschnitten. Auch im alltäglichen Leben gibt es solche »letzten Gelegenheiten«.

Der Witz an einer Gelegenheit ist, dass man nicht a priori sagen kann, ob sie jemals wieder kommt. In vielen Fällen stellt sich zwar am Ende heraus, dass es besser war zu warten, aber das wusste man eben nicht von vornherein. Eine günstige Gelegenheit verweist auf etwas, was uns wichtig ist. Es kann einen günstigen Moment geben, eine interessante Person auf einer Party anzusprechen. Verpasst man den Moment, dann ist es vorbei.

Gelegenheiten reifen lassen

Wer nur auf einen starren Plan fixiert ist, übersieht fast zwangsläufig alternative Handlungsmöglichkeiten, die sich plötzlich und unvorhergesehen ergeben. Aus chinesischer Sicht geht es darum, das jeweilige »Situationspotenzial« immer wieder neu einzuschätzen und zu bewerten, Prozesse indirekt zu beeinflussen, sie reifen zu lassen. Nur auf diese Weise bleiben wir offen und sensibel für das, was in einer bestimmten Situation möglich ist. Die Wandlung selbst bleibt unsichtbar, schreibt François Jullien, man sieht nur ihre Ergebnisse: »Man sieht nicht, wie die Frucht reift, aber stellt eines Tages fest, dass die Frucht bereit ist zu fallen.«

In unserer westlichen Welt kommen wir zwar nicht umhin, weiterhin Pläne zu machen und auf die Wirksamkeit unseres Handelns zu vertrauen. Von den Chinesen können wir allerdings lernen, unsere »heroische« Vorstellung vom Handeln in einer immer komplexeren Welt kritisch zu reflektieren, offen und sensibel zu bleiben für die immanenten Möglichkeiten einer Situation, für das Unvorhergesehene und Unvorhersehbare, an dem wir in unserem durchgetakteten Alltag oft so achtlos vorübergehen. In der Lehre vom Nicht-Handeln steckt auch ein mögliches Korrektiv für alle Macher, für alle Führungskräfte, die Geschäftigkeit mit Effizienz verwechseln, Aktionismus mit Wirksamkeit, Multitasking mit Übersicht.

Gelegenheiten erfordern strategisches Denken. Wir müssen in der Lage sein, die Situation richtig einzuschätzen. Wer gleich die erstbeste Gelegenheit nutzt, macht oft einen Fehler. Gelegenheiten treten nicht einfach plötzlich auf. Sie kündigen sich an und entwickeln sich. Manchmal muss man warten, bis sie sich voll entfaltet haben. Auf das richtige Timing kommt es an, aber nicht im Sinne von Uhrzeit, sondern im Sinne des jeweiligen Situationspotenzials. Auch der chinesische Stratege lässt sich die günstige Gelegenheit zwar nicht entgehen. Aber für ihn ist sie nur der Moment, in dem ein Prozess so weit gereift ist, dass er die Frucht nur mehr zu pflücken braucht. Wichtiger ist ihm der Zeitpunkt, in dem die günstige Entwicklung beginnt; diesen Moment muss man erkennen und richtig zu nutzen wissen. Wer ihn vorüberziehen lässt, der kann das Potenzial der Situation nicht richtig zur Entfaltung bringen.

> Gelegenheiten lassen sich nicht erzwingen. Um sie nutzen zu können, müssen wir lernen, sie reifen zu lassen und den richtigen Moment zum Handeln zu erkennen.

Es gibt Situationen, in denen es ratsam ist zu warten, bevor man handelt. Der günstige Augenblick ist noch nicht da. Man hat noch nicht alle nötigen Informationen. Eine bestimmte Entwicklung ist noch im Fluss. Wer warten kann, der hält sich Möglichkeiten und Spielräume offen. Man kann noch anders handeln – oder auch gar nicht, wenn es die Situation verlangt. Sicher gibt es Gelegenheiten, die man sofort ergreifen muss, weil sie sonst nie wieder kommen. Oft reifen Situationen aber erst heran. Man muss sie beobachten, hegen und pflegen. Die Zeit heilt alle Wunden, lautet eine Redensart. Und sie ist nicht falsch. Mit der Zeit verblassen Erinnerungen, die Intensität von Gefühlen lässt nach. Nach einem Streit wartet man bekanntlich besser, bis sich die »Wogen geglättet« haben.

Warten kann sinnvoll sein, wenn wir ein bestimmtes Geschehen überblicken können. Wenn es etwa in Strömen gießt, aber ein Ende des Regens absehbar ist, dann empfiehlt es sich zu warten, bevor man losgeht. Aber wenn kein Ende in Sicht ist, muss man irgendwann gehen. Dann gibt es eben keinen »günstigen Augenblick«. Man geht einfach los, man ergreift von der Gelegenheit Besitz, auch wenn der Zeitpunkt dafür gerade nicht »günstig« ist. Dafür spricht schon eine einfache Überlegung: Dass der jetzige Zeitpunkt ungünstig ist, garantiert keineswegs, dass die zukünftigen Zeitpunkte günstiger sein werden. So haben etwa Aktienbesitzer schon viel Geld verloren, weil sie bei sinkenden Kursen zu lange auf einen »günstigen Augenblick« warteten, nämlich auf einen plötzlichen Kursanstieg, um ihre Aktien zu verkaufen.

Heroisches Handeln gilt heute in vielen Lebensbereichen als Ideal, Zögern hingegen als Schwäche. Der heroische Akteur weiß, was er will. Er wartet auf den richtigen Moment – und dann schlägt er zu. Der Zögerer hingegen ist sich nicht sicher, er schwankt in seinem Urteil – soll ich oder soll ich nicht? Der Zögerer wartet nicht einfach nur auf den günstigen Moment. Er weiß vielmehr nicht so recht, ob er ihn auch ergreifen soll. Wer aber immer nur auf einen günstigen Zeitpunkt wartet, läuft Gefahr, handlungsunfähig zu werden, weil der *kairós* eben nie kommt. So betrachtet müssen wir nicht nur, wie Machiavellis »Fürst«, die günstigen Gelegenheiten ergreifen, wenn sie sich uns bieten. Vielmehr müssen wir manchmal auch dann handeln, wenn die Gelegenheit nicht so günstig ist.

In komplexen Situationen müssen wir manchmal handeln, auch wenn die Konsequenzen nicht abzusehen sind. Manchmal ist es einfach besser, überhaupt etwas zu tun als gar nichts. Gelegenheiten lassen uns aufmerken. Sie bringen uns dazu, unseren bisherigen Plan zurückzustellen – oder womöglich sogar zu verwerfen. Jede Gelegenheit kann ein Experiment sein. Man probiert etwas aus, man tut etwas, man wird aktiv, statt die Dinge bloß passiv über sich ergehen zu lassen. Das setzt allerdings voraus, dass man auch über die nötige Bandbreite verfügt, also über die kognitive Kapazität, die nötige Aufmerksamkeit, einen *kairós* überhaupt als solchen zu erkennen.

Es kann auch gute Gründe geben, eine günstige Gelegenheit verstreichen zu lassen. Aber nicht, um auf eine günstigere zu warten, sondern schlicht, um etwas anderes zu tun. Vielleicht haben Sie zu Beginn dieses Textes beim Verpassen Ihres Zuges eine Gelegenheit verpasst. Aber immerhin haben Sie die Gelegenheit erkannt und genutzt, etwas anderes zu tun: einen Freund endlich einmal wieder anzurufen, andere Menschen zu beobachten oder eben in diesem Buch zu lesen. Das mögen Sie bedauern, aber es spielte keine Rolle mehr: Die Göttin der Gelegenheit kommt nicht zurück.

Mehrzeit

Jeder kennt Venedig, eine Stadt von unwirklicher Schönheit, doch von Touristen heillos überlaufen. Wer nach Venedig kommt, der kann erleben, wie die Stadt seine Zeit neu strukturiert. Die Uhrzeit spielt plötzlich keine Rolle mehr, die Stadt selbst gibt das Tempo vor. Venedig hat seine eigene Zeit. Man kann sich nicht schneller bewegen, als es das verwinkelte Gassengewirr erlaubt. Wer durch Venedig rennt, der wird nichts erleben. Wer allerdings zu langsam ist, der wird von den Touristenmassen überrollt.

Die Uhren von Venedig

Die Zeit in Venedig kann man nicht planen. Wer die Stadt wirklich erleben will, muss sich mit ihr »synchronisieren«, sich auf ihren besonderen Takt abstimmen. Venedig ist Fremdzeit, die Stadt beansprucht ihre Besucher, sie hat ihre eigene Zeit, auf die sich jeder einstellen muss, der sie besucht. Wer nach Venedig reist, der reist durch die Zeit.

So »stressig« Venedig an manchen Tagen sein kann: Radikale Entschleunigung ist keine Antwort. Wer in Venedig im Hotel bleibt, der verpasst den Charme der Stadt. Gleiches gilt für unser ganzes Leben, für die Welt, in der wir leben. Wir müssen uns auf die Welt einlassen, auf ihr Tempo, auf ihren Takt. Weder können wir unsere gesamte Zeit im Zustand meditativer Versenkung verbringen noch in einem andauernden Flow. Wir können der Fremdzeit nicht entkommen, weil wir Teil dieser Welt sind. Ja, die Welt kostet Zeit, wie der Philosoph Hans Blumenberg sagt. Aber sie gibt uns auch etwas zurück, was uns wichtig ist, was unser Leben bereichert – sei es in Arbeit und Familie oder in anderen Teilen des Lebens. Wir können wie besinnungslos durch Venedig rennen. Wir können aber auch versuchen, diese Stadt zu leben.

Wir alle müssen entscheiden, wie wir unsere Zeit leben, abhängig von unserer Vorstellung von einem gelungenen Leben. Das zeigt sich besonders in unserer Verantwortung dafür, wie wir unsere Zeit verwenden – ob wir sie etwa für Dinge vergeuden, mit denen wir uns selbst nicht identifizieren können. Nur ein geprüftes Leben ist lebenswert, sagte Sokrates einmal. Das ist natürlich nicht so gemeint, dass wir ständig nur darüber nachdenken sollen, ob wir das richtige Leben führen. Man könnte den Rat des Sokrates auf die Frage beschränken, was wir konkret, in unserer lebendigen Gegenwart, aus unserer Zeit machen.

Seine Zeit zu leben, das heißt aus meiner Sicht, immer wieder neu zu entscheiden, was uns wichtig ist – und was uns gleichgültig sein kann. Wir müssen uns also immer wieder neu »vergegenwärtigen«. Jede Situation ist neu, noch nie da gewesen, jedes Handeln und Erleben eine neue Chance, die wir nutzen können oder eben nicht. Unsere lebendige Gegenwart enthält nicht nur unsere Vergangenheit und Zukunft. Sie enthält auch viele andere Gegenwarten, nicht nur unsere eigene. Wir müssen selbst entscheiden, worauf wir unsere Aufmerksamkeit richten, was zu unserer Gegenwart gehört und was nicht – die Gassen von Venedig, die Touristenmassen, die Menschen, mit denen wir unterwegs sind. Wir bewegen uns nicht im Ego-Tunnel durch die Welt, durch die Zeit. Unsere Gegenwart ist voller Gelegenheiten, voller Menschen und Dinge, die für uns bedeutsam sein können. Unsere Gegenwart, unser Leben *ist* eine Gelegenheit, ein *kairós* – die Gelegenheit zu leben.

Lebendige Gegenwart

Wir leben nicht allein auf der Welt. Es gibt nicht nur uns selbst, sondern auch die anderen – und auch die anderen Menschen haben ihre Zeit. Unsere Eigenzeit ist mit der Eigenzeit anderer verbunden, und nicht nur mit der Zeit der Lebenden. Wir erinnern uns ebenso an Menschen, die bereits verstorben sind. Und wir erwarten, dass andere sich an uns erinnern, wenn es so weit ist. So verschmilzt unsere Lebenszeit mit der Lebenszeit der anderen.

Synchronisieren können wir uns nicht nur mit Ereignissen, sondern auch mit anderen Menschen. Gemeinsam sind wir Schöpfer der Zeit. Indem wir unsere Zeit mit anderen teilen, gewinnen wir Zeit. Auf diese Weise können wir »mehr Zeit haben, als wir haben«, sagt der Philosoph Odo Marquard: »Geteilte Zeit ist vielfache Zeit.« Aus einer Stunde werden so viele gemeinsam erlebte Stunden, und das nicht nur in der Gegenwart, sondern auch in der Erinnerung und in der Erwartung des gemeinsam Erlebten. Doch das funktioniert nur, wenn es uns gelingt, uns mit anderen zu synchronisieren – in der Liebe, in der Familie, in der Freundschaft, in der Zusammenarbeit.

Unsere Zeit vervielfachen – das klingt zunächst nach einer magischen Operation, als könne man Zeit hervorzaubern wie ein Kaninchen aus dem Zylinder. Wir alle verlieren doch ständig Zeit, jeder für sich, bis wir am Ende keine mehr haben. Und doch: Wenn wir Zeit als Wert sehen, wie ich es in diesem Buch vorschlage, dann können wir Zeit gewinnen, indem wir sie mit anderen teilen.

Denken wir an einen gemeinsamen Kinobesuch. Sie und Ihr Gegenüber, Sie tun beide etwas, was Ihnen wichtig ist – Sie gehen ins Kino. Vor allem aber tun Sie es zusammen. Es ist Ihnen beiden wichtig, ins Kino zu gehen. Aber besonders wichtig ist es Ihnen, es zusammen zu tun. »Lebenskunst ist Kunst der Lebensteilung«, schreibt der Philosoph Rainer Marten. Sie freuen sich schon im Vorfeld darauf und vergegenwärtigen sich diese schöne Situation auch im Nachhinein, was jeweils zu Ihrer mit Werten angereicherten Eigenzeit beiträgt – und diese so gleichsam vermehrt.

Indem wir unsere Zeit mit anderen teilen, gewinnen wir Zeit. Denn geteilte Zeit ist vervielfachte Zeit – in der Gegenwart, der Erinnerung und der Antizipation.

Liebe zentriert unsere Aufmerksamkeit – und damit unsere lebendige Gegenwart. Liebe schafft Zeit. Wenn ich jemanden liebe, treten andere Dinge in den Hintergrund. Ich synchronisiere mich voll und ganz mit dem Menschen, den ich liebe – mit seiner Eigenzeit. Sich mit einem geliebten Menschen zu synchronisieren, das heißt nicht einfach nur, möglichst viel Zeit zusammen zu verbringen. Es heißt vor allem, sich um den anderen zu kümmern, an ihn zu denken, sein Leben auf ihn auszurichten.

Die Eigenzeiten zweier Menschen zu synchronisieren, das bedeutet viel mehr als bloße Pünktlichkeit. Denken Sie ans Bleistiftspitzen. Selbst etwas so Triviales wie das Bleistiftspitzen hat seine Zeit. Es entwickelt sich, es reift heran, man könnte sagen: Es wächst. Nehmen wir ein Gespräch zwischen zwei Menschen. Jeder von beiden hat seine eigene Zeit. Beide Zeiten zu synchronisieren, das heißt, sie aufeinander abzustimmen. Wenn wir dem anderen nicht zuhören, kann eine gemeinsame Stunde auch verlorene Zeit sein, und zwar für beide. Wenn wir lieben, bringen wir die Fremdzeit zum Verschwinden. Dann leben wir unsere gemeinsame Zeit.

Zu lieben, das bedeutet nach Harry Frankfurt, sich um etwas oder jemanden zu sorgen – und das heißt, Zeit zu investieren. Was uns wichtig ist, das hat für uns Vorrang gegenüber anderen Dingen. Wir können nicht alles gleichermaßen wichtig nehmen. Unsere Werte heben bestimmte Aspekte einer Situation hervor, während andere in den Hintergrund treten. Aber es reicht nicht, nur Zeit zu investieren. Etwas wirklich wichtig zu nehmen, sich um etwas zu sorgen, das erfordert zunächst einmal, dass wir ihm unsere Aufmerksamkeit zuwenden – und das können wir nur in der Gegenwart. Für den Philosophen Henri Bergson hängt die Unterscheidung, die wir zwischen unserer Gegenwart und der Vergangenheit machen, von der »Spannweite unserer dem Leben zugewendeten Aufmerksamkeit« ab. Die Gegenwart, so Bergson, hat gerade so viel »Spannweite« wie die Aufmerksamkeit, die wir auf sie richten: »Mit einem Wort, unsere Gegenwart versinkt in die Vergangenheit, wenn wir aufhören, ihr ein lebendiges Interesse zuzuwenden.«

Wirklich vergangen ist also nur, was uns nicht mehr interessiert, was uns nicht mehr wichtig ist. Das Wichtige hingegen wirkt nach, es lebt fort in unserer Gegenwart – allerdings nur dann, wenn wir uns weiter darum sorgen, unsere Aufmerksamkeit darauf richten.

Aus meiner Sicht definieren wir uns über das, worum wir uns sorgen, was wir lieben, was uns wichtig ist im Leben. Unsere Werte tragen wir aber nicht einfach so mit uns herum. Wir müssen sie leben, immer wieder und wieder – und sie neu aktualisieren. Die einzige Zeit, die uns dafür zur Verfügung steht, ist unsere Gegenwart – die Zeit, die wir leben. In diesem Sinne kann man den großen Stoiker Marc Aurel verstehen; in seinen *Selbstbetrachtungen* schreibt er: »Wenn du des Morgens nicht gern aufstehen magst, so denke: Ich erwache, um als Mensch zu wirken.«

Unsere Gegenwart, das ist kein ausdehnungsloser Augenblick, der einfach nur so an uns vorüberhuscht. Die Gegenwart ist selbst voller Leben. Wir vergegenwärtigen sie jedes Mal neu, indem wir uns mit ihr neu synchronisieren.

Ich sitze im Zug und lese ein Buch, das Lesen ist mir wichtig. Doch meine lebendige Gegenwart enthält viel mehr als mich und mein Buch. Neben mir sitzen andere und unterhalten sich gerade angeregt über ein Thema. Ich ignoriere sie, gehe ganz in meinem Buch auf. Es gibt nur mich und mein Buch. Also entgeht mir, worüber die beiden reden. Es ist mir einfach nicht wichtig. Ich bin in meinem Ego-Tunnel. Es ist so, als würden die anderen schlicht nicht existieren. Plötzlich merke ich auf. Ich beginne zuzuhören, das Gespräch scheint interessant zu sein. Meine Gegenwart verbindet sich mit der Gegenwart der anderen. Irgendwann klappe ich mein Buch zu und beteilige mich an dem Gespräch.

Wenn ich mich nur auf mein Ziel konzentriere, werde ich die Möglichkeiten der Situation nicht erfassen. Ich werde also weiterhin in meinem Buch lesen, das potenziell interessante Gespräch wird an mir vorübergehen. In meiner lebendigen Gegenwart stecken aber auch alle früheren Speisewagen-Erfahrungen, von denen mir einige vielleicht den Wert dessen vermittelt haben, mich auch in dieser Situation meinen Mitfahrern gegenüber zu öffnen. Dennoch ist eine Situation jedes Mal neu, und ich muss mich jedes Mal neu darauf einstellen. Nichts legt fest, wie ich in ihr handeln werde.

Die Gegenwart sind nicht nur wir selbst. Zu unserer lebendigen Gegenwart gehören auch alle diese anderen Gegenwarten mit ihrer Vergangenheit und Zukunft. Und in jeder gegenwärtigen

Situation entscheiden wir, was wir in unsere Gegenwart einbeziehen, was wir also »vergegenwärtigen« und was nicht.

Wir selbst entscheiden, was zu unserer Gegenwart gehört. Man kann zu Hause vor dem Computer sitzen, vielleicht sogar in einem Flow vor sich hinarbeiten und nichts um sich herum wahrnehmen – nicht die Kinder nebenan, nicht die Katze, die um den Schreibtisch streicht, nicht das Vogelgezwitscher von draußen. Wir können aber auch versuchen, jene Menschen und Dinge in unsere Gegenwart einzubeziehen, die uns wirklich wichtig sind, die uns wichtig waren und weiterhin wichtig sein werden.

Wir können entscheiden, was davon wir bewahren wollen für zukünftige Gegenwarten. Zugleich können wir vergangene Gegenwarten retten, indem wir sie durch unser Handeln neu vergegenwärtigen. Augustinus hatte recht: Es gibt nur die Gegenwart, unsere Gegenwart – eine Gegenwart von Vergangenem, eine Gegenwart von Gegenwärtigem, eine Gegenwart von Zukunft.

Synchronisation als Lebensteilung

In der Liebe vergegenwärtigen wir uns auf besondere Weise. Jedes Zusammensein ist anders als das vorangegangene – was sich wiederholt, das ist der Unterschied. Und doch überdauert die Liebe die verschiedenen Gegenwarten. Die Liebe kann man nicht mit Uhren messen. Sie hat ihre eigene Dauer. Wir sagen nicht: »Ich liebe dich jetzt« oder »Ich habe dich gestern eine Stunde lang geliebt«. Wir sagen einfach »Ich liebe dich« – und wir tun Dinge, die immer wieder zeigen, dass wir den anderen tatsächlich lieben. Die Intensität der Liebe hängt nicht davon ab, wie viele Stunden man zusammen verbringt. Oft spürt man sie am stärksten in der Sehnsucht, im Warten auf den anderen, der gerade eben nicht

»da« ist. In jeder Gegenwart der Liebe steckt ihre Vergangenheit – das erste Kennenlernen, die erste Nacht.

Zu lieben heißt, gemeinsame Erfahrungen zu machen. Aus den gemeinsamen Erfahrungen entsteht geteilte Lebenszeit, aus einem Ich wird ein Wir. Man hat bestimmte Dinge gemeinsam erlebt, man erinnert sich gemeinsam – und man erwartet gemeinsam, was noch kommt.

Für Rainer Marten bedeutet Liebe, Zeit füreinander zu haben – »Zeit, um gemeinsam zu leben und zu handeln, um je nachdem einander zu lieben und zu brauchen, voneinander Abschied zu nehmen und zu brauchen«. Die Liebe »nutzt« die Zeit nicht, sie rechnet nicht mit ihr. Man weiß nicht, wie lange sie anhält. »Kein Stück Zeit ist dabei gewiss, keine Dauer versichert, sondern Zeit ist unmittelbar gegenwärtig als Gewissheit des Zeithabens.«

Liebe bindet Zeit zusammen, sie »überdauert« die Zeit. Sie gründet in einem zeitlosen Augenblick, in einem *kairós,* der sich dann verzeitlicht. Die Liebe hat also etwas Zeitloses und Zeitliches zugleich.

Die Zeit miteinander teilen, das heißt nicht einfach, soundso viele Stunden miteinander zu verbringen. Man kann zwei Stunden zusammensitzen und sich trotzdem nichts zu sagen haben. Es geht um die Qualität der Zeit – um ihren Wert. Das kann in manchen Fällen einfach nur eine SMS sein, die dem anderen zeigt, dass man an ihn denkt. Sich mit einem anderen Menschen zu synchronisieren, dazu braucht es nicht einmal immer die körperliche Präsenz. Was es aber braucht, das ist eine lebendige Dauer des Zusammenseins, ob real oder virtuell, digital oder analog.

Füreinander Zeit zu haben, das heißt: Die Eigenzeit des anderen ist keine Fremdzeit für mich. Meine Zeit ist deine Zeit – wir haben Zeit füreinander. Unsere Zeit ist unsere gemeinsame Zeit.

> Synchronisation ist eine Art zeitliche Empathie, die Fähigkeit, die Dinge aus der Perspektive eines anderen zu sehen und sich in dessen Eigenzeit hineinzuversetzen.

Diese Synchronisation kann viele Formen haben. Ein Telefonat, eine Textnachricht – selbst ein einzelnes Emoticon auf dem Smartphone. Manchmal, so habe ich es selbst erlebt, kann schon ein einziges Wort rettend wirken. Denn Synchronisation, wie ich sie verstehe, hat immer auch eine emotionale Komponente. Man könnte sagen, Synchronisation ist eine Art zeitliche Empathie, ein Mitfühlen mit dem anderen, das eben die Fähigkeit verlangt, sich in den anderen »hineinzuversetzen«, die Dinge also aus seiner Perspektive zu sehen.

Auch Freundschaften haben ihre eigene Zeitlichkeit. Wir wollen Zeit mit dem Freund verbringen, wir sorgen uns um ihn. Aber Freundschaft hat ihren eigenen Rhythmus. Manche Freunde sieht man alle paar Wochen, manche andere über Jahre nicht. In der Zwischenzeit ist viel passiert – es ist viel Zeit vergangen. Und doch dauert es oft nur wenige Minuten, und die alte Vertrautheit stellt sich wieder ein – als würden die Freunde ihre Freundschaft einfach nur neu vergegenwärtigen. Plötzlich ist »alles wie früher«, obwohl eigentlich alles anders ist. Und das nicht bloß in der Erinnerung, sondern in unserer lebendigen Gegenwart.

Einer der Gründe für den gigantischen Erfolg von Facebook liegt meiner Ansicht nach darin, dass es die Plattform erlaubt, mit Freunden oder Bekannten über räumliche wie zeitliche Distanzen hinweg in Verbindung zu bleiben und Freundschaften immer wieder neu zu «aktualisieren», sich zu synchronisieren – und sei es nur, indem man den Postings von Freunden ein »Like« gibt. Man sollte diese Art von »Beziehungen« nicht voreilig geringschätzen. Facebook ermöglicht es Menschen, miteinander in Verbindung zu bleiben, ihr Leben tatsächlich mit Freunden zu teilen – ganz egal, ob sie ein Foto ihrer süßen Kinder posten oder der Timeline von anderen folgen.

Ich glaube, wir verstehen soziale Medien wie Facebook besser, wenn wir sie unter dem Aspekt einer solchen »Lebensteilung« verstehen. Selbst wer nur Erinnerungsfotos mit anderen »teilt«, der teilt in einer gewissen, wenn auch auf einer ganz oberflächlichen Weise, sein Leben. Und wenn die These stimmt, dass gemeinsame Zeit »vervielfachte Zeit« ist, dann ist auch die Facebook-Zeit wenigstens nicht umsonst. Was immer man zu Recht Kritisches über die Datensammelei von Netzkonzernen sagen kann: Facebook ist sensibel für den Wert der Zeit. Die Timeline zeigt eben nicht nur die Gegenwart, sondern auch die Vergangenheit des jeweiligen Nutzers. Zugleich erinnert uns das Netzwerk daran, Freunden zum Geburtstag zu gratulieren. Bemerkenswert daran ist, dass man sich über die eingehenden Glückwünsche meist freut, obwohl man natürlich weiß, dass die meisten Gratulanten ohne die algorithmische Erinnerung gewiss nicht an den Geburtstag gedacht hätten.

Aus meiner Sicht kommen wir nicht umhin, soziale Medien wie Facebook als einen Teil unserer sozialen Lebenswelt, unserer hyperaktuellen Gegenwart anzuerkennen. Das Netz fügt den drei räumlichen Dimensionen gleichsam eine vierte hinzu – eine neue Zeitlichkeit. In sozialen Medien können Menschen und Dinge an mehreren Orten gleichzeitig sein. Man sitzt beim Abendessen – und ist gleichzeitig auf Facebook präsent. Der junge US-Autor

Laurence Scott meint sogar, dass ein bloß dreidimensionaler Moment irgendwie »eingesperrt« wirkte, wenn er nicht gleichzeitig auf Instagram oder Twitter stattfinde. Das Netz ermöglicht nicht nur Kommunikation. Es schafft Co-Präsenz. Man befindet sich an einem Ort – und gleichzeitig an vielen anderen.

Das Netz verändert unser Verständnis von Raum und Zeit. Es entkoppelt Ort und Präsenz; wir können an mehreren Orten gleichzeitig sein. Früher brauchte man seine Fantasie, um bei einem räumlich getrennten Menschen zu sein. Heute genügt eine Skype-Verbindung. Sicher ist physische Präsenz etwas anderes als virtuelle Präsenz. Aber mir scheint, die Grenzen verschwimmen. Wir müssen nur lernen, die Möglichkeiten dieser neuen Zeitlichkeit, die Gelegenheiten, die sie uns bietet, zu begreifen und damit umzugehen. Auch ein Status-Update auf Facebook oder ein Twitter-Tweet sind je eine Art von Vergegenwärtigung – das Netz ist eine »lebendige Gegenwart«, in der wir immer wieder neu entscheiden müssen, worauf wir unsere Aufmerksamkeit richten, was uns wichtig ist und was nicht. Die Hyperaktualität des Internets selbst verändert die Zeit – oder besser: Das Internet verändert, wie wir die Zeit leben.

Eins der besten Beispiele dafür, was es bedeutet, die Zeit zu leben, ist die Liebe. In ihr wird besonders deutlich, was Synchronisation heißt. Wenn wir uns mit anderen synchronisieren, kommt es nicht auf zeitliche Synchronizität an. Die Zeitlichkeit, die ich meine, hat eine andere Ordnung. Es gibt darin nicht Vergangenheit, Gegenwart und Zukunft, nicht »früher«, »gleichzeitig« oder »später«. Es gibt nur »aktuell« oder »inaktuell«, »wichtig« oder »unwichtig«. Denn: In einer Liebesbeziehung ist immer alles »aktuell«, »synchron« und »wichtig«. Das letzte Treffen ist zwar

Vergangenheit, das erste Date womöglich schon ein paar Jahre her. Und doch ist uns das letzte Treffen wie der Anfang einer Beziehung immer noch präsent. Der Anfang wirkt immer noch nach, als wäre er gespeichert in der Liebe selbst. Die Liebe überdauert die Zeit.

Wenn wir jemanden lieben – unseren Partner, unsere Eltern oder Kinder –, dann lieben wir ihn in jedem Augenblick, selbst wenn wir gerade streiten oder uns verletzt fühlen.

Die Liebe ist das, was bleibt, sie ist ein Wert. Auch eine vergangene Liebe ist nicht einfach nur vergangen. Wir können sie aktualisieren. Der geliebte Mensch selbst bleibt präsent, auch wenn man nicht mehr mit ihm »zusammen« ist. Auch die vergangene Liebe gehört zu unserer Gegenwart, sie ist ein Teil dessen, was uns in unserem Leben wichtig ist. Das Wichtige bleibt uns gegenwärtig. Es wird Teil unserer Eigenzeit.

Wenn wir sagen, eine Liebe sei »verflossen«, dann denken wir dabei an den Fluss der Zeit. Die Beziehung ist eben Vergangenheit, man war einmal zusammen, aber man ist es nicht mehr. Aber jede Liebe, so denke ich, wirkt nach. In jeder Liebesbeziehung vergegenwärtigen wir gleichsam alle bisherigen Lieben – unser »Lieben« selbst, die Bedeutung, die es für uns hat.

Eine Trennung können wir nicht mehr rückgängig machen, selbst wenn wir mit ehemaligen Partnern irgendwann wieder zusammenkommen. Was passiert ist, das ist passiert. Aber wir können den Sinn dieser Trennung verändern. Manchmal wird einem erst sehr viel später klar, warum eine Beziehung gescheitert ist. Oft erkennen wir den Wert einer Person erst, wenn sie nicht mehr da ist. Plötzlich sehen wir sie in einem anderen Licht, vielleicht durch neue Erfahrungen, die wir in der Zwischenzeit gemacht haben. Möglicherweise erfährt man Dinge, die man vorher nicht wusste. Plötzlich wird uns bewusst, dass wir ein bestimmtes Ereignis, eine Aussage ganz falsch interpretiert haben. Oder es wird uns klar, warum wir uns auseinanderentwickelt haben. Durch unser Handeln können wir den Sinn einer Beziehung verändern, auch wenn sie schon Jahre zurückliegt. Zugleich hat jede Gegenwart einer Liebesbeziehung einen Effekt auf alle künftigen Gegenwarten. Auch das ist eine Reise durch die Zeit.

Aus einer Liebesbeziehung kann sich eine wunderbare, vertrauensvolle Freundschaft entwickeln. Was zuvor eine »gescheiterte Beziehung« war, das wird nun zum Beginn einer vielleicht lebenslangen Beziehung anderer Art. Eine Beziehung in eine Freundschaft zu transformieren, das ist für mich eine der glücklichsten Arten, vergangene Zeit neu zu vergegenwärtigen. Ein wirklich geliebter Mensch, so glaube ich, bleibt immer wichtig – das ganze Leben lang.

Wir können mit der Zeit tanzen. Die Liebe ist ein solcher Tanz – ein ständiges Aufeinander-Eingehen, Aufeinander-Abstimmen, Sich-neu-Synchronisieren.

Die Liebe hat ihren *kairós,* ihre zeitlose günstige Gelegenheit, die meist nicht einfach vom Himmel fällt, wie die sprichwörtliche »Liebe auf den ersten Blick«. Der *kairós* der Liebe ist nichts, was man heroisch ergreift, sondern etwas, das sich allmählich – in unserer Eigenzeit – entfaltet und reift. In der Liebe kommen Eigenzeit und Fremdzeit zusammen als zwei Eigenzeiten, die zu einer werden – zu einem Wir.

Man könnte sagen: Der Sinn der Zeit ist die Liebe.

Quellen

Aristoteles: Nikomachische Ethik. Hamburg, 1995

Aristoteles: Physik. Hamburg, 1995

Assmann, Aleida: Ist die Zeit aus den Fugen? München, 2013

Augustinus: Bekenntnisse. Frankfurt/Main und Leipzig, 1987

Aurel, Marc: Selbstbetrachtungen, IV, 17. Stuttgart, 2007

Bauman, Zygmut: Liquid Modernity. Cambridge, 2012

Bergson, Henri: Denken und schöpferisches Werden. Hamburg, 1993

Bergson, Henri: Materie und Gedächtnis. Hamburg, 1991

Die Bibel. Altes und Neues Testament. Stuttgart, 1980

Blumenberg, Hans: Lebenszeit und Weltzeit. Frankfurt/Main, 2013

Covey, Stephen: Die 7 Wege zur Effektivität. GABAL, 2005

Csíkszentmihályi, Mihály: Flow. Stuttgart, 1992

Epiktet: Anleitung zum glücklichen Leben. Düsseldorf, 2006

Franck, Georg: Ökonomie der Aufmerksamkeit. München, 1998

Deleuze, Gilles: Differenz und Wiederholung. München, 2007

Dewey, John: Erfahrung und Natur. Frankfurt/Main, 1995

Frankfurt, Harry G.: The importance of what we care about. Cambridge, 2007

Geißler, Karlheinz A.: Alles hat seine Zeit, nur ich hab keine. München, 2012

Geißler, Karlheinz A.: Enthetzt Euch. Stuttgart, 2012

Geißler, Karlheinz A.: »Uhren sind moderne Diktatoren«. In: Die Zeit, 19. Januar, 2017

Geißler, Karlheinz A./ Geißler, Jonas: Time is Honey. München, 2017

Geyer, Christian: Niklas Luhmann: Die Knappheit der Zeit und die Vordringlichkeit des Befristeten. Berlin, 2013

Giddens, Anthony: Konsequenzen der Moderne. Frankfurt/Main, 1995

Gumbrecht, Hans Ulrich: Unsere breite Gegenwart. Frankfurt/Main, 2010

Hume, David: Eine Untersuchung über den menschlichen Verstand. Stuttgart, 1982

Husserl, Edmund: Zur Phänomenologie des inneren Zeitbewußtseins. Hamburg, 2013

James, William: The Principles of Psychology. New York, 1950

Jullien, François: Über die Wirksamkeit. Berlin, 1995

Jullien, François: Vortrag vor Managern über Wirksamkeit und Effizenz. Berlin, 2006

Levine, Robert: Eine Landkarte der Zeit. München, 2011

Luhmann, Niklas: Vertrauen. Stuttgart, 2009

MacIntyre, Alasdair: Der Verlust der Tugend. Frankfurt/Main, 1995

Mann, Thomas: Der Zauberberg. Frankfurt/Main, 1993

Marquard, Odo: Zukunft braucht Herkunft. Stuttgart, 2015

Marten, Rainer: Lebenskunst. München, 1993

Montaigne, Michel de: Essais, Berlin, 1916

Mullajnathan, Sendhil/Shafir, Eldar: Scarcity. New York, 2013

Nietzsche, Friedrich: Morgenröte. Kritische Studienausgabe, Band 3. München, 1991

Nowotny, Helga: Eigenzeit. Frankfurt/Main, 1993

Rosa, Hartmut: Beschleunigung. Frankfurt/Main, 2005

Rosa, Hartmut: Beschleunigung und Entfremdung. Berlin, 2013

Rosa, Hartmut: Weltbeziehungen im Zeitalter der Beschleunigung. Berlin, 2012

Rousseau, Jean-Jacques: Träumereien eines einsamen Spaziergängers. Stuttgart, 2003

Russell, Bertrand: Human Knowledge. New York, 2009

Seneca: Briefe an Lucilius. 78, 14. In: Philosophische Schriften. Darmstadt, 2011

Seneca: Von der Kürze des Lebens. München, 2013

Sennett, Richard: Der flexible Mensch. Berlin, 1995

Scheler, Max: Vom Ewigen im Menschen. Gesammelte Werke Band 5. Bern, 1954

Simmel, Georg: Philosophie des Geldes. Frankfurt/Main, 1989

Smith, Adam: Theorie der ethischen Gefühle. Hamburg, 2010

Speziali, Pierre (Hrsg.): Albert Einstein – Michele Besso. Correspondance, 1903–1955. Paris, 1972

Vašek, Thomas: Die Göttin der Gelegenheit. In: Hohe Luft 5/2016

Vašek, Thomas: Immer schön geschmeidig bleiben. In: Hohe Luft 6/2017

Wajcman, Judy: Pressed for Time. Chicago/London, 2015

Weinrich, Harald: Knappe Zeit. München, 2008

Wittmann, Marc: Gefühlte Zeit. München, 2013

Zimbardo, Philip/Boyd, John: Die neue Psychologie der Zeit. Heidelberg, 2011

Zum Autor

Thomas Vašek ist der Chefredakteur des Philosophie-Magazins *Hohe Luft* und Autor mehrerer Sachbücher, darunter *Philosophie! Die 101 wichtigsten Fragen* (Theiss) *Work-Life-Bullshit. Warum die Trennung von Arbeit und Leben in die Irre führt* (Goldmann), *Denkstücke. Lockerungsübungen für den philosophischen Verstand* (Suhrkamp) und *Die Weichmacher. Das süße Gift der Harmoniekultur* (Hanser). Er lebt in München.